JN256092

よくわかる！
教職エクササイズ

森田健宏・田爪宏二 ●監修

6

学校教育と
情報機器

堀田博史・森田健宏 ●編著

ミネルヴァ書房

監修者のことば

　今、学校を取り巻く状況が大きく変化し続けています。たとえば、「グローバル化」という言葉がよく聞かれますが、確かに、世界中のさまざまな国の人々が、ビジネスや観光で日本を訪れるようになり、日常生活の中で外国の人々と関わる機会が増えています。

　また、世界のさまざまな国で活躍する日本人も増えてきています。そのため、比較的世界で多く使用されている英語を中心に、小学校3年生から外国語活動の授業が行われるようになり、小学校5年生からは教科「英語」が導入されるようになりました。もちろん、言葉だけでなく、文化や風習についても世界のさまざまな国の人々が、お互いに理解し合えることが大切です。他方で、日本に移住しても日本語を十分に理解できない子どもたちも多く、学校ではそのような子どもたちをどのように指導すればよいか、さまざまな試みが行われています。

　このように、新たな時代に教職を目指すみなさんには、これまで学校教育の世界を支えてきた先生方の教育活動に学びつつ、新しい時代の教育ニーズに応えるべく、自ら考え、開拓していく力が求められています。

　これからの時代の教育を担う教師に大切な教育課題は、たくさんあります。たとえば、これまで、わが国で進められてきた「知識を多く獲得することを重視した教育」だけでなく、「知識や技能を活用する能力」や、「読解力」、「課題を解決する能力」、さらには社会性、意欲、自己調整能力といった社会の中で適応的に生きていくための情緒面の力を育むことにも積極的に取り組むことが求められています。そのため、「主体的・対話的で深い学び」を促進する教育実践力を身につける必要があります。また、電子黒板やタブレット端末など、ICTの効果的な活用、小学生からのプログラミング教育などへの対応も求められています。

　すなわち、教職につく前の学生時代から教師となった後もなお、常に新たな知見を習得しながら、生涯、「教師として学び続ける」姿勢が求められているのだと思ってください。

　この「教職エクササイズシリーズ」では、新しい時代のニーズに対応し、学びながら教師としての資質を育むとともに、教師になる夢を実現し、さらに教師になっても、常に振り返りながら新たな知見を生み出し、自身の能力として加えていけるよう、さまざまな工夫を取り入れています。たとえば、教育場面の事例を題材に「チャレンジ課題」を多く取り入れ、実際の教育現場を想定した学習が行いやすいように配慮しています。また、教育実践に関わる最新の知見や資料を豊富に掲載し、初学者から現職教員まで参考にできる内容構成にしました。さらに、MEMO欄を十分に用意し、先生の発言や板書、自分の気づきなどを十分に書き込めるようにしています。そして、巻末の復習問題には、実際に出題された各都道府県等の教員採用試験の過去問題を掲載し、教師になる夢を叶える準備ができるようにしています。

　これらを積極的に活用し、「教師として一生涯使えるテキスト」となることを願って、みなさんにお届けしたいと思います。

監修者　森田健宏（関西外国語大学）

田爪宏二（京都教育大学）

＜本書の特徴＞

～このテキストをご利用いただく先生方へ～

　このテキストを使用される先生方に、本書の特徴をご説明したいとおもいます。おそらく、多くの場合、教育職員免許法施行規則第66条の6に定められた「情報機器の操作」に関する科目をご担当のことと思います。この科目では、主に情報機器の基本操作を習得することがねらいとされていますが、教職課程の授業の一環として、「学校現場の仕事を想定しながら学ぶ」というスタイルのテキストは、これまで、なかなか無かったのではないでしょうか。さらに、文部科学省が定める新しい教職課程コアカリキュラムでは、上記科目や「教育の方法と技術」に関する科目だけでなく、各教科の指導法に、「情報機器及び教材の活用を含む」という文言が明記されるようになりました。それだけ、ICTを利用した実践的指導力の育成への期待は高まっているのです。

　本書は、基礎的な情報機器の操作スキルを育成しながらも、未来の教育界を担う教師を育てる指導ができるように様々な工夫をしています。具体的には、1コマで習得可能なスキルの説明から始まり、さらに、その習得度が確認できる課題を用意し、各講で完結できるように想定して構成しています。

　我々、執筆者一同とともに、ICTを教育へ積極的に活かせる教師を育てる仲間として、本書をご活用いただければ幸いです。

はじめに

　この本を手にしてくれた学生の皆さんにメッセージを送りたいと思います。みなさんは、日頃から、メディアをよく利用していますか？

　「スマホで LINE や Twitter はよく使っているよ！」

　「インスタ映えするスポットを探すのに必死！」

私たちの周りの学生達からは、よくこのような答えが返ってきます。

　では、「パソコンは？」と尋ねると、なぜか「Word とか Excel とか、何か難しそうで苦手！」「今度、授業でプレゼンやるんだけど、PowerPoint とか使ったことないし……」という答えも多く聞かれます。

　私たち、情報教育を担当する教員からすると、スマホをフリックで文字入力して素早くメッセージを送ったり、インスタグラムで「いいね！」を増やすための写真加工をする方がよっぽど高度な技術なんだけどな……と思うのですが。

　それでも、この本を手にしているみなさんは、おそらく「学校の先生になりたい！」と思って前向きに「情報機器の操作」について学ぼうとしてくれているのだと思います。確かに、現代の学校教員には、多様な ICT を活用する能力が求められています。児童・生徒の在籍情報や成績管理、プリント教材や定期テスト、学級通信の作成では、Excel や Word が使用されています。さらに、これからは、一人一台のタブレット端末を使用したデジタル教材、デジタル教科書、そしてプログラミング教育が新たに導入されることとなっています。

　このテキストは、将来、教師を志望する皆さんが、緩やかで段階的に ICT を活用できるようになるよう、教育現場で実際に使用されているほぼすべての情報機器やソフトウェアを対象にわかりやすく書かれています。さらに、より理解を深めるために「語句説明」「プラスワン」などの情報や、キャラクターの先生によるアドバイスが随所に挿入されています。このテキストを執筆した著者は、全員、大学で情報教育関係の授業を担当したり、そのためのメディア制作に関わっている者ばかりです。ですから、皆さんがよくつまづいたり、困ってしまうポイントを熟知しているので、その点をよりわかりやすく表現するように心がけて作成しています。皆さんが学生時代はもちろん、将来、先生になって活躍しながらも使用できるテキストだと思います。

　さあ、安心してページを開き、先生と共に学習をスタートさせてください。

2018 年 1 月

編者　堀田博史（園田学園女子大学）

森田健宏（関西外国語大学）

CONTENTS

前半のガイダンス／情報社会と学校教育について

理解のポイント

情報社会において、ますます人や物に関する情報に価値がある時代となってきました。学校教育分野でも、情報化推進のために、さまざまな取り組みがなされています。

そこで本講では、学校教育における教育の情報化の実態を知り、教員のICT活用指導力、そして児童・生徒の情報教育の大切さを理解します。

1 はじめに

10年ほど前には、教職課程を履修している学生が「私、コンピュータが不得意です」とか「コンピュータなんて使わなくても授業できるので大丈夫です」などという言葉をよく耳にしました。しかし今では、学校現場に就職すると、成績管理や教材作成はもちろんのことコンピュータを活用した研究授業を担当することも珍しくなく、学生時代にしっかりと苦手を克服するように、不得意なことは積極的に学ぶ姿勢が大切です。

本書は、**図表1-1**に示す内容で構成しています。大学の授業は、半期15回、通年で30回ですので、1つの講を90分×1コマで学ぶようなイメージで作成されています。前期に第1講から第15講、後期に第16講から第30講を学んでください。

構成は、WordやExcelの基礎や応用を中心に、PowerPoint、マルチメディア、情報モラルや著作権、プログラミング、そして学校放送番組など、主に学校の授業に必要で役立つものを扱っています。

文部科学省は、教育の情報化として、以下の3点を推進しています。

- 子どもたちの情報活用能力の育成
- ICTを効果的に活用したわかりやすく深まる授業の実現
- 校務の情報化の推進

上記3点と本書を対応させてみると、子どもたちの情報活用能力の育成は、第4、5、6、7、10、11、12、19、28、29講が関連します。教員のICT活用によるわかりやすい授業の実現は、第17、18、20、21、24、25講が関連します。校務の情報化は、第2、3、8、9、13、14、22、23、

現代の学校では、教材づくりから、校務、授業など、コンピュータの活用は必須なんですね。

26、27 講が関連します。

　本書は、教育の情報化の多くの内容を網羅しており、情報機器の操作スキルの向上だけを目指すのではなく、教員としてのICT活用スキルを向上させる内容を多く含んでいる点が特徴です。

　また、学校で効果的にICTを活用するとは、どういうことなのかを考えるとともに、その基礎となるアプリケーションの基本操作から応用までの技術を習得します。

図表1-1　本書で学ぶ内容

	タイトル	使用するアプリ
第 1 講	前半のガイダンス／情報社会と学校教育について	
第 2 講	保護者宛の連絡文書の作成（1）	Word
第 3 講	保護者宛の連絡文書の作成（2）	Word
第 4 講	情報モラル	
第 5 講	効率的なWeb検索——学旅行プランの作成（1）	ブラウザ
第 6 講	効率的なWeb検索——修学旅行プランの作成（2）	ブラウザ
第 7 講	タイピングのスキルアップ	P検無料タイピング練習
第 8 講	Excelで簡単な表の作成や関数の利用（1）——基本機能の理解と表の作成	Excel
第 9 講	Excelで簡単な表の作成や関数の利用（2）——データの並び替えや関数の利用	Excel
第 10 講	PowerPointでカレンダーづくり	PowerPoint
第 11 講	映像作品を組み合わせたマルチメディア作品の作成	ブラウザ
第 12 講	デジカメ写真やWebカメラでのビデオを組み合わせたマルチメディア作品の作成	WeVideo
第 13 講	Wordでクラス便りの作成（1）	Word
第 14 講	Wordでクラス便りの作成（2）	Word
第 15 講	前半の振り返り	
第 16 講	後半のガイダンス／情報活用能力の調査結果について	
第 17 講	Wordで児童の感想文を小冊子にまとめよう（1）	Word
第 18 講	Wordで児童の感想文を小冊子にまとめよう（2）	Word
第 19 講	著作権	
第 20 講	学校放送番組（NHK for School）の活用法（1）	ブラウザ
第 21 講	学校放送番組（NHK for School）の活用法（2）	ブラウザ
第 22 講	Excelでさまざまなデータを活用しよう（1）——データの種類に応じたグラフの作成	Excel
第 23 講	Excelでさまざまなデータを活用しよう（2）——データをもとに多様な分析や成績評価をする	Excel
第 24 講	PowerPointを活用したプレゼンテーション（1）	PowerPoint
第 25 講	PowerPointを活用したプレゼンテーション（2）	PowerPoint
第 26 講	WordとExcelで差し込み印刷（1）	Word、Excel
第 27 講	WordとExcelで差し込み印刷（2）	Word、Excel
第 28 講	Scratchを活用したプログラミングの体験（1）	Scratch
第 29 講	Scratchを活用したプログラミングの体験（2）	Scratch
第 30 講	後半の振り返り	

　なお、ICTとは、Information and Communication Technologyの略で、電子黒板や実物投影機、タブレット端末などを含めた、情報・通信に関する技術の総称です。活用とは、その機能や性能を生かして効果的に利用することです。ICTと活用を結びつけると、児童・生徒に育みたい力やあるべき姿を実現するために、効果的にICTを利用することになります。

2 学習指導要領とICT活用の関係

　小学校の新たな学習指導要領は、2020（平成32）年度から全面実施されます。2018（平成30）年度と2019（平成31）年度が先行実施期間となり、改訂内容の一部を全面実施前に取り組むことができます。

図表1-2　今後の学習指導要領改訂スケジュール

文部科学省中央教育審議会教育課程部会（2016年8月26日）「資料3　今後の学習指導要領改訂スケジュール」をもとに作成

　2020（平成32）年度から実施される学習指導要領における、教育の情報化については、ポイントが2つあります。
　1つ目は、「主体的・対話的で深い学び（アクティブ・ラーニング）」の視点からの授業改善を進める上で、ICTの効果的な活用が重要だということです。2つ目は、情報活用能力を「教科等を超えた全ての学習の基盤として育まれ活用される資質・能力」と位置づけ、教育課程全体を通じて確実に育成することが望まれています。本講では、1つ目のアクティブ・ラーニングとICT活用について説明をします。
　文部科学省は、「主体的・対話的で深い学び（アクティブ・ラーニング）」を実現する一つとして、学びの改善ポイントを3つ示しています。

> （1）習得・活用・探究という学習プロセスのなかで、問題発見・解決を念頭に置いた深い学びの過程が実現できているかどうか。
> （2）他者との協働や外界の情報との相互作用を通じて、自らの考えを広げ深める、対話的な学びの過程が実現できているかどうか。
> （3）子供たちが見通しを持って粘り強く取り組み、自らの学習活動を振り返って次につなげる、主体的な学びの過程が実現できているかどうか。

たとえば、（1）の問題発見・解決を念頭に置いた深い学びの過程では、児童・生徒が思考したさまざまな解き方などを比較して見せることも必要です。静止画や動画を見せて、課題を明確につかませることもあります。そのような場面では、電子黒板や大型テレビなどの大型提示装置があると、児童・生徒によりわかりやすく内容が伝わります。

（2）の自らの考えを広げ深める、対話的な学びの過程では、個人やグループで調べたことを発表することもあるでしょう。デジタル教科書などに書き込みながら自分の考えを説明するときもあります。そのような場面でも、大型提示装置があると、効果的に児童・生徒に内容が伝わります。

（3）の自らの学習活動を振り返って次につなげる、主体的な学びの過程では、学習内容をパソコンなどに記録しておき、本時や前時を振り返ったりするときにも、ICTが有効に活用されます。

さらに、2020（平成32）年度からは、プログラミング教育が必修となります。それは、子供たちに、コンピュータに意図した処理を行うように指示することができるということを体験させながら、将来どのような職業に就くとしても、時代を超えて普遍的に求められる力としての「プログラミング的思考」などを育成するもの、としています。オックスフォード大学准教授のマイケル・A・オズボーン氏は、「今後10～20年程度で、約47％の仕事が自動化される可能性が高い」とも予想しています。

プログラミング的思考とは「自分が意図する一連の活動を実現するために、どのような動きの組合せが必要であり、一つひとつの動きに対応した記号を、どのように組み合わせたらいいのか、記号の組合せをどのように改善していけば、より意図した活動に近づくのか、といったことを論理的に考えていく力」と定義されています。

プログラミング体験を実施するためには、ICTが不可欠でしょうし、教員だけではできない体験もあるため、外部人材も必要に応じて活用することになります。そのための研修も実施しないといけません。本書では、それらに対応すべく、Scratch＊を活用したプログラミング教育の体験もできる講を設けています。

3 教員のICT活用指導力の向上のために

次頁図表1-4は、学校における教育の情報化の実態等に関する調査結

図表1-3　電子黒板の活用例

文部科学省「授業がもっとよくなる電子黒板活用」より

語句説明

Scratch

アメリカのマサチューセッツ工科大学（MIT）のメディアラボで開発されたプログラミングソフト。Web上で自由に使用でき、小学生などの子どもでも容易なインターフェースで構成されている（第28、29講参照）。

13

果です。まず「授業中にICTを活用して指導する能力」がある教員の割合に注目してください。2016（平成28）年には73.5％に達しています。この値は年々増加しており、多くの教員が授業でICTを活用できることを意味しています。また「教材研究・指導の準備・評価などにICTを活用する能力」は、83.2％にもなります。さらに多くの教員が、教材研究などにICTを活用しているのです。

図表1-4　教員のICT活用指導力の推移

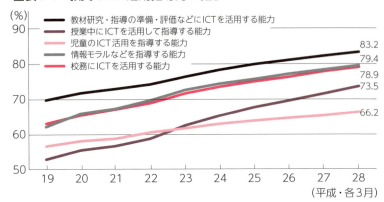

文部科学省「平成27年度　学校における教育の情報化の実態等に関する調査結果」をもとに作成

　しかし、これらの値に都道府県による格差があるとした場合、この平均値に満たない教員が多く存在する学校では、研修や自己啓発を促す取り組みも必要になるでしょう。

　図表1-5は、小学校教員が授業で活用したいメディアを示しています。40代、50代の約70％が電子黒板の利用を希望しています。電子黒板には、投影するものが必要ですので、指導者用のデジタル教科書も高い値となっています。

　このように、教員の多くは、ICTを活用した授業へ積極的に取り組む意欲をもっています。みなさんはどの程度、授業でのICT活用に興味があるのでしょうか。そして、ICT活用の技術をどの程度習得する意欲をもっているでしょうか。本書で学び、第30講を終えた時点で、興味や意欲がさらに高まっていることを期待します。

図表1-5　小学校教師が今後授業で利用したいメディア（2014年度）

(%)

	教師全体 (n=2387)	20代 (n=415)	30代 (n=530)	40代 (n=706)	50代 (n=700)
電子黒板	68	69	67	67	68
タブレット端末	68	74	74	68	60
指導者用のデジタル教科書	59	54	60	63	56
学習者用のデジタル教科書	45	49	45	46	43
協働学習で利用できるソフトウエアやツール	27	26	32	29	22
教師が教材等について意見交換できるWebサイトやSNS	25	27	24	26	23

宇治橋祐之「タブレット端末の映像教材で学ぶ子どもたちの現状」（NHK放送文化研究所編『放送研究と調査』NHK出版、2016年1月、52〜53ページ）より

課題にチャレンジ

<課題>

　あなたは、小学校教員として採用されて1年目と想定してください。配属された学校には、教員がベテラン・中堅・新人とバランスよく配置されています。学校全体の「授業中にICTを活用して指導する能力」は62.3％と全国平均を約10ポイント下回っています。そのため、学校でICTを積極活用するプロジェクトがつくられました。

　そこで、本書の第1〜30講（11ページ参照）をいくつか組み合わせた研修計画を考えてみましょう。さらにその講を選択した理由を、以下の空欄に書いてみてください。

第　　講：
選択理由：

第　　講：
選択理由：

第　　講：
選択理由：

第　　講：
選択理由：

保護者宛の 連絡文書の作成（1）

理解のポイント

校務では、さまざまな文書をつくる機会があります。本講と第3講では、校務文書作成で頻繁に利用されるWordの機能を紹介します。本講の最後には、それらの機能を活用した保護者宛の連絡文書の作成課題を用意しました。同じ文書を作成するのでも、Wordの機能を上手に活用して作成した場合とそうでない場合で、仕上がりや作業効率に違いがでてきます。

本書ではWordの2016年版を使用していますが、異なるワープロソフトや異なるバージョンでも、だいたい同様の機能があります。インターネットで「ソフト名」「バージョン」「機能」をキーワードに検索すると、操作方法がみつかります。

1 Wordの機能と基本画面の説明

Wordの画面は、さまざまな機能を実行するためのボタンと、文字などを入力する部分とで構成されています。

図表2-1　Wordの画面構成

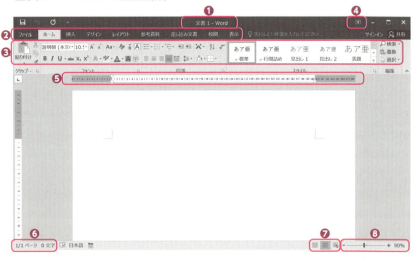

❶タイトルバー：保存するファイル名やソフトウェア名が表示

❷リボンタブ：［ホーム］や［挿入］などをクリックすると、それぞれのリボン（ツールバー）が表示

❸リボン：リボンタブ毎にリボンが表示され、目的のボタンが表示

❹リボン表示オプション：リボンの表示・非表示の切り替え

❺ルーラー：文字の位置などを設定。ルーラーが表示されていないときは［表示］タブの「ルーラー」にチェックを入れると表示

❻ステータスバー：現在表示中のページ番号や入力済みの文字数などが表示

❼表示切替：閲覧モード、印刷レイアウトなどを切り替え

❽ズームスライダー：スライダーをドラッグして画面表示サイズを調整

2 ファイルの保存、ファイルを開く

まずは、作成した文書の保存方法と、保存した文書の開き方を覚えておきましょう。

図表2-2　ファイルの保存手順

図表2-3　ファイルを開く手順

手順❶ [ファイル]→[名前を付けて保存]をクリックします。
手順❷ [参照]ボタンから保存する場所を指定し、ファイル名を入力して[保存]をクリックします。

手順❶ [ファイル]→[開く]をクリックします。
手順❷ [参照]ボタンからファイルの保存場所を指定し、ファイル名を選択して[開く]をクリックします。

3 ページ書式の設定

文書を書いてしまってからページ書式（余白や1行あたりの文字数など）を変えると、レイアウトが崩れてしまったりして面倒なので、**文書を書く前に**ページ書式の設定をします。

図表2-4　ページ書式の設定

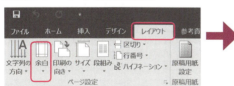

↑ページ書式は[レイアウト]リボンで行います。[文字列の方向][余白][印刷（用紙）の向き][（用紙の）サイズ][段組み]など、さまざまな設定ができます。

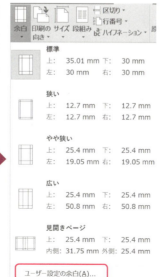

←校務文書作成でよく使う余白の設定は[余白]ボタンをクリックして行います。
表示された一覧からすでに用意された余白（[狭い][やや狭い]など）を選ぶこともできますし、さらに詳細な設定をしたい場合は、メニューの一番下の[ユーザー設定の余白]を選びます。

プラスワン

ファイルの保存法
新規にファイルを作成するときは、作業を始める前に[名前を付けてファイルを保存]をする。
作業中の状態を保存するときには[ファイル]→[上書き保存]もしくは[Ctrl]＋[S]（キーボードで[Ctrl]キーを押しながら[S]キーを押す）で上書き保存ができる。
作業中に名前を変えてファイルを保存するときは、あらためて[名前を付けて保存]を選んで、別の名前をつけて保存する。

ファイルの保存方法は、学校のルールによって異なるので、担当の先生に確認しましょう。

図表2-5　ユーザー設定の余白　　図表2-6　文字数と行数

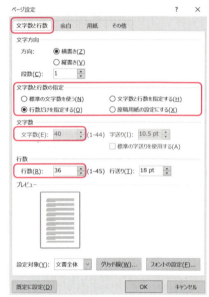

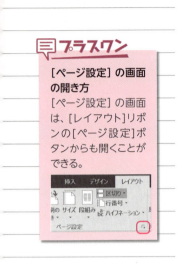

[ページ設定]の画面の開き方

[ページ設定]の画面は、[レイアウト]リボンの[ページ設定]ボタンからも開くことができる。

↑メニュー一番下の[ユーザー設定の余白](図表2-4の右図参照)を選択すると、[ページ設定]の画面が表示されます。この画面で、自由に上下左右の余白を設定できます。なお、余白はマージンとよばれることもあります。

↑[文字数と行数]のタブを選ぶと、1行あたりの文字数や、用紙1枚あたりの行数の設定ができます。
[文字数と行数を指定する]にチェックを入れると、文字数、行数の欄が入力できるようになります。

4 文字列の配置

　文字列の配置に関するボタンは、[ホーム]リボンのなかにあります。[左揃え][右揃え]や[中央揃え]だけでなく、[両端揃え]や[均等割り付け]などの機能があります。

図表2-7　文字列配置ボタン

❶左揃え
❷中央揃え
❸右揃え
❹両端揃え
❺均等割り付け

❶　　❷　　❸　　❹　　❺

図表2-8　文字列の配置

あああああああ

　　あああああ

　　　　ああああああ

あ　あ　あ　あ　あ　あ　あ

←上から❶[左揃え]、❷[中央揃え]、❸[右揃え]、❺[均等割り付け]の配置例です。[均等割り付け]は、左端と右端の間で均等に文字が割りつけられます。

図表2-9　[左揃え]と[両端揃え]の違い

この文章は Microsoft Word 2016 で書いた文章です。左揃えと両端揃えの説明のための文章です。

この文章は Microsoft Word 2016 で書いた文章です。左揃えと両端揃えの説明のための文章です。

←左の図で、上の段落は❶[左揃え]、下の段落は❹[両端揃え]です（説明のために両端に線を引いています）。1行に入る文字の数は同じですが、[左揃え]は文字をできるだけ左端に寄せるので、各行の右端に余白ができていますが、[両端揃え]は各行とも左右の端にぴったりと文字が揃っています。

5　箇条書き

　箇条書きをするときの行頭記号（「●」や「○」や「1.」など）は、キーボードで直接入力するのではなく、できるだけ箇条書きの機能を使用しましょう。キーボードで入力をした場合、行の先頭が不揃いになることがあります。

1　番号なし箇条書き

　箇条書きの開始は、[ホーム]リボンの[箇条書き]ボタンをクリックします。項目を入力して[Enter]キーを押すと次の項目が始まります。

図表2-10　[箇条書き]ボタン

図表2-11　箇条書き

　●　あいうえお

　●　かきくけこ
　　　さしすせそ

　●　たちつてと

　●

←項目のなかでの改行：[Shift]キーを押しながら[Enter]キーを押します（例：図の2つ目の項目）。

←箇条書きの終了：何も入力されていない状態で[Enter]キーを押すと箇条書きモードが終了します（例：図の4つ目の項目）。

プラスワン

行頭記号の選択
[箇条書き]ボタンの右側の[▼]を押すと、さまざまな行頭記号を選ぶことができる。

19

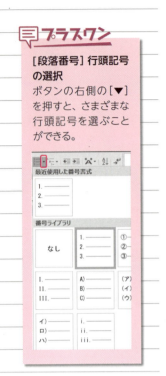
インデントの詳しい使用法については、次の講で学習します。

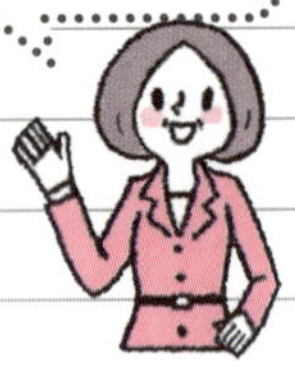

2　番号付き箇条書き

箇条書きに順番に番号をふることができます。

図表2-12　[段落番号]ボタン

←番号付き箇条書きの開始：[ホーム]リボンの[段落番号]ボタンをクリックします。

図表2-13　番号付き箇条書き

1.	あいうえお
2.	かきくけこ
3.	さしすせそ

←基本的な操作は番号なし箇条書きと同じです。

図表2-14　番号付き箇条書きの詳細設定

→開始番号の変更：1以外の数から箇条書きを始めたいときは、箇条書きを開始した直後に[段落番号]ボタンの右側の[▼]をクリックし、表示されたメニューから[番号の設定]を選択して[開始番号]の数字を変更します。

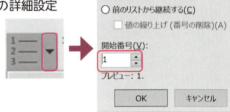

図表2-15　番号の振り直し

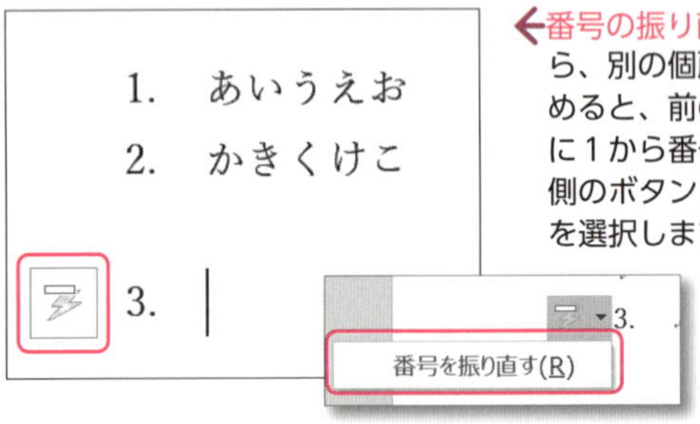

1.	あいうえお
2.	かきくけこ
3.	

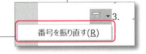

←番号の振り直し：番号付き箇条書きを終えてから、別の個所でもう一度番号付き箇条書きを始めると、前の続きの番号から始まります。新たに1から番号を振り直したい場合は、番号の左側のボタンをクリックして、[番号を振り直す]を選択します。

3　箇条書きの移動

箇条書きの位置を移動することができます。

図表2-16　箇条書きの移動

> 実施日　平成29年5月23日（火）〜24日（水）　（1泊2日）
> ● 集合　20日午前8:20　JR森王駅南歩道橋
> ● 解散　21日午後6:00頃

↑先頭項目（集合……）にカーソルを置き、[インデントを増やす]ボタンをクリック。

図表2-17　インデントの増減ボタン

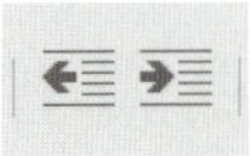

←[ホーム]リボンの[インデントを増やす][インデントを減らす]ボタンを使います。
　●箇条書きの先頭の項目でボタンをクリックすると、箇条書き全体が移動します。
　●先頭以外の項目でボタンをクリックすると、その項目だけが移動します。

課題にチャレンジ

<課題>

次の「保護者宛ての連絡文書」を作成しましょう。

● 余白(マージン):上 25mm、下 25mm、左右 30mm

● 本文のフォント:MS ゴシック、大きさ 10.5pt

● 数字はすべて半角

「記」「以上」の箇所は、「記」と入力して改行すると自動的に「以上」が追加される。

その間に必要な情報を入力していくとよい。

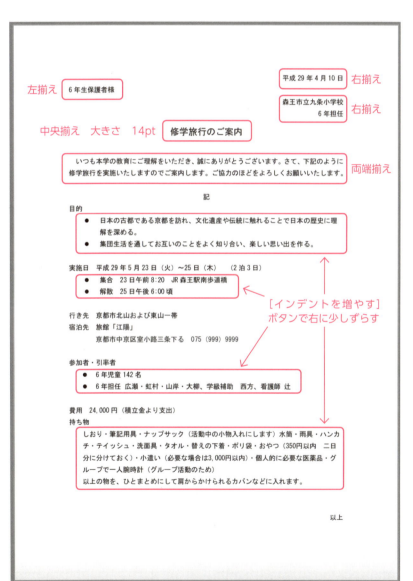

左揃え 6年生保護者様

平成 29 年 4 月 10 日 **右揃え**

森王市立九条小学校
6年担任 **右揃え**

中央揃え 大きさ 14pt 修学旅行のご案内

いつも本学の教育にご理解をいただき、誠にありがとうございます。さて、下記のように修学旅行を実施いたしますのでご案内します。ご協力のほどをよろしくお願いいたします。 **両端揃え**

記

目的
● 日本の古都である京都を訪れ、文化遺産や伝統に触れることで日本の歴史に理解を深める。
● 集団生活を通してお互いのことをよく知り合い、楽しい思い出を作る。

実施日 平成 29 年 5 月 23 日(火)〜25 日(木) (2泊3日)
● 集合 23 日午前 8:20 JR 森王駅南歩道橋
● 解散 25 日午後 6:00 頃

[インデントを増やす]
ボタンで右に少しずらす

行き先 京都市北山および東山一帯
宿泊先 旅館「江陽」
京都市中京区室小路三条下る 075(999)9999

参加者・引率者
● 6年児童 142 名
● 6年担任 広瀬・虹村・山岸・大柳、学級補助 西方、看護師 辻

費用 24,000 円(積立金より支出)
持ち物
しおり・筆記用具・ナップサック(活動中の小物入れにします)水筒・雨具・ハンカチ・テイッシュ・洗面具・タオル・替えの下着・ポリ袋・おやつ(350円以内 二日分に分けておく)・小遣い(必要な場合は3,000円以内)・個人的に必要な医薬品・グループで一人腕時計(グループ活動のため)
以上の物を、ひとまとめにして肩からかけられるカバンなどに入れます。

以上

プラスワン

公式な文書の体裁
公式な文書では、文書の先頭に、1.日付、2.宛名、3.自分の所属と氏名(今回の課題では「6年担任」)、4.タイトルの順に、左右・中央をサンプルのように揃えて記載する。この他に、学校などで決められた通し番号を文書の右上などに入力する場合もある。

第3講

保護者宛の連絡文書の作成（2）

理解のポイント

第2講に引き続き、校務文書の作成でよく使われる機能を身につけていきます。本講では、入力した文字列や段落の位置を狙ったところにピッタリと合わせることができるようになることをめざします。さらに、メールやホームページで校務文書を共有するときに必要な **PDF***ファイルについての理解を深めます。

語句説明

PDF

Portable Document Format（PDF）は、ソフトウェア、ハードウェア、オペレーティングシステムに関係なく、文書を確実に表示および交換するために使用されるファイル形式。アドビが開発し、現在はオープンスタンダードの一つになっている。

1 インデントの活用

インデントとは段落の先頭の位置を調節する機能です（図表3-1）。スペースキーをつかって空白を挿入しながら位置をあわせることもできますが、そのようにすると行頭がガタガタになってうまく揃わないことがあります。インデントを使ってきれいに揃えましょう。

図表3-1　インデントの使い方の例

森王市にお住まいの皆様に、フラワーアートの素敵なセミナーを開きます。日時や場所は次のとおりです。ご参加をお待ちしています。

インデントで調整 →

日時：　20XX年10月10日
場所：　森王市文化センター
費用：　5,000円

プラスワン

インデントと段落

インデントは段落ごとに設定する。段落とは、[Enter]キーを押して改行を入れるまでのひとまとまりのこと。段落は1行だけの場合もあり、数行にわたる場合もある。

1 インデントの操作

インデントの操作は、ルーラーのインデントマーカー（）を使います。

図表3-2　ルーラーとインデントマーカー

図表3-3　ルーラーの表示

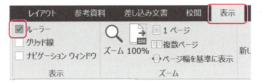

← ルーラーが表示されていないときは、[表示]タブを開き、[ルーラー]にチェックを入れます。

インデントマーカーは３つの部分に分かれていて、別々に動かすことができます。使い方を以下で説明します。

図表3-4　インデントマーカー

❶先頭のインデント

❷２行目以降のインデント
❸すべての行頭のインデント

❶先頭行のインデント

インデントマーカーの▽を動かすと、いま選ばれている段落のうち、１行目の行頭の位置を調節できます。

図表3-5　先頭行のインデント

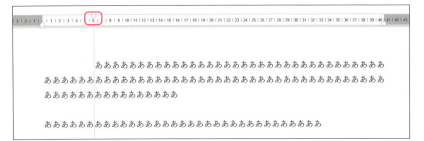

❷２行目以降のインデント

インデントマーカーの△を動かすと、２行目以降の行頭の位置を調節できます。

図表3-6　２行目以降のインデント

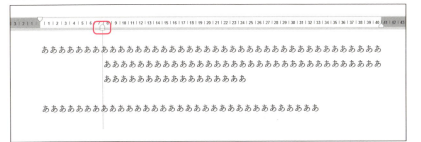

❸すべての行頭のインデント

インデントマーカーの一番下の□を動かすと、▽と△を一緒に動かすことができます。つまり、すべての行頭の位置を調節することができます。

図表3-7　すべての行頭のインデント

あああああああああああああああああああああああああああああああ
あああああああああああああああああああああああああああああ
ああああああああああああああああああああ

あああああああああああああああああああああああああああああ

インデントマーカーは、説明を何度も読むよりも、実際に使ったほうが理解しやすいので、左の例を実際に試してみましょう。

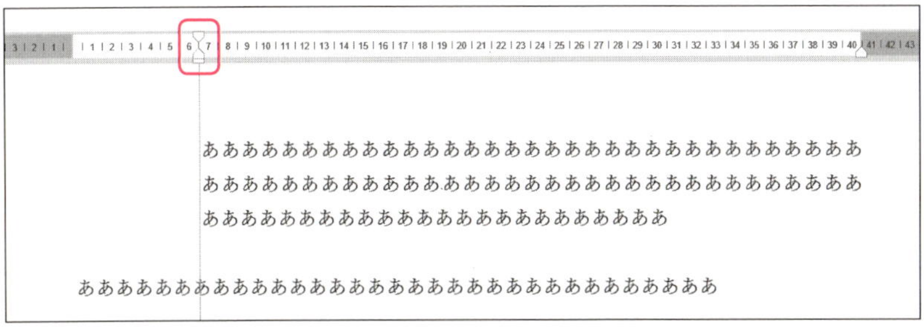

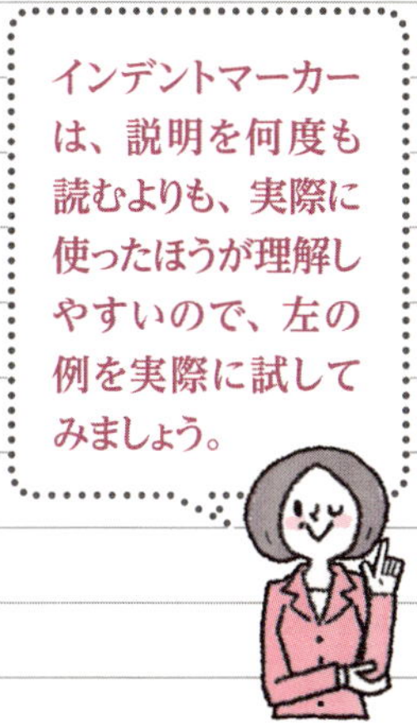

インデントマーカーを使った文書の例
図表3-8　3つの段落の行頭を一緒に移動

←左の例では、それぞれの行の最後に改行が入っているので、1行だけの段落が3つあります。

日時：　20XX年10月10日
場所：　森王市文化センター
費用：　5,000円

　　インデントマーカーを動かす前に **3つの段落をまとめて選択**し、それからインデントマーカーの一番下の▭を使って先頭を移動させました。

2　タブの活用

　　キーボードの [tab] キーを使うことで、文の途中をきれいに揃えることができます。

図表3-9　タブによる文字揃え

グループ名・メンバー	
パープル	斉藤　中森　松田　松本
レッド	田原　近藤　野村
グリーン	原　水野　池内　吉本
ブルー	高木　篠田　友田　岡本

タブで揃えた

←各行、メンバー名の先頭のところが揃っています。

1　タブの操作

図表3-10　選択

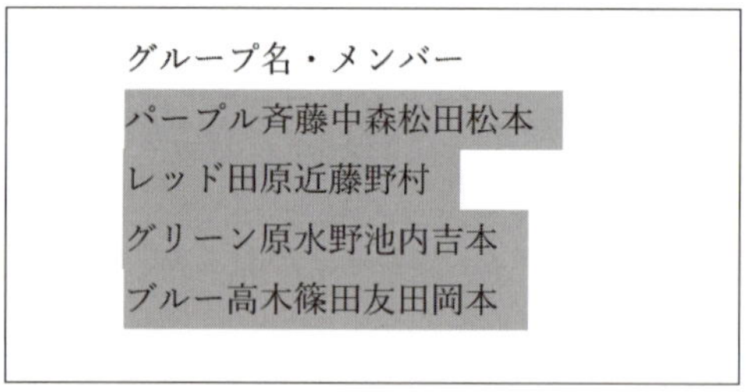

グループ名・メンバー
パープル斉藤中森松田松本
レッド田原近藤野村
グリーン原水野池内吉本
ブルー高木篠田友田岡本

手順❶必要な文字をあらかじめ全部入力しておいてから、作業をしたい行を選択します。

図表3-11　タブマーカーの追加

8 7 6 5 4 3 2 1　1 2 3 4 5 6 7 8 9 10 11 12 13 14 15

手順❷ルーラーのうえで、文字を揃えたい位置の下の端をクリックすると「 L 」のような記号が表示されます。
- この記号を**タブマーカー**といいます。
- タブマーカーはルーラー上で自由に動かすことができます。
- タブマーカーを消したいときは、タブマーカーをルーラーの外にドラッグします。

プラスワン

インデントとタブ
インデントとタブの違いは、インデントは文頭を移動するためのものだが、タブは文の途中を揃えるために使う。

図表3-12　移動させたい場所をクリック

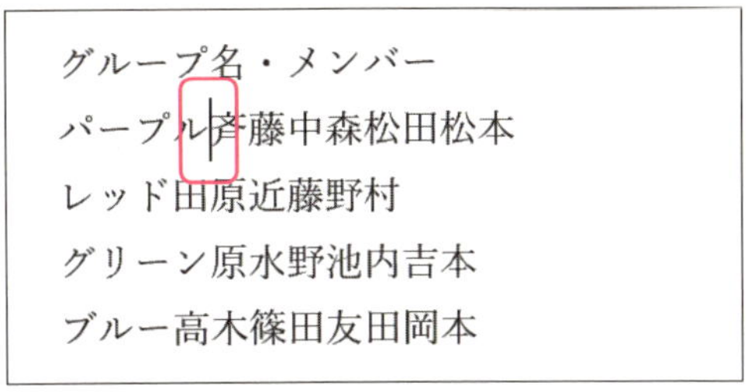

グループ名・メンバー
パープル|斉藤中森松田松本
レッド田原近藤野村
グリーン原水野池内吉本
ブルー高木篠田友田岡本

手順❸移動をさせたい文の手前（左側）をクリック
してカーソルをそこに移動させ、キーボード
の[Tab]キーを押します。

図表3-13　タブキーで移動

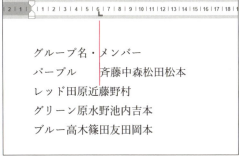

グループ名・メンバー
パープル　　斉藤中森松田松本
レッド田原近藤野村
グリーン原水野池内吉本
ブルー高木篠田友田岡本

↑タブマーカーで設定した位置までカーソルの後ろ
の文が移動します。同様に、2行目、3行目、4
行目も[Tab]キーを使って位置を揃えます。

2　複数のタブマーカー

下図のように、複数のタブマーカーを設定することもできます。

図表3-14　複数のタブマーカーの追加

←[Tab]を押すごとに、次のタ
ブマーカーで設定した位置に
文字が移動します。

3　印刷とPDFへの変換

1　印刷の方法

図表3-15　印刷の方法

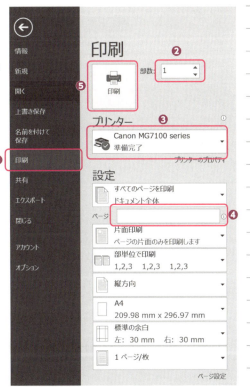

手順❶[ファイル]→[印刷]をクリックします。

手順❷部数を入力します。

手順❸出力先のプリンターを選択します。

手順❹部分的に印刷したいときはここに印刷したい
ページ数を入力します。連続するページは
「-」を使い、ページが飛ぶ場合は「,」で区
切ります。
【例】5〜8ページの場合：5-8
　　　3ページと5〜8ページの場合：3,5-8

手順❺片面・両面印刷や複数部印刷するときの出力方
法などを設定して、最後に「印刷」ボタンをク
リックします。

2 PDFファイルへの変換

　ホームページなど、インターネットで文書を共有するときは、Wordの
ファイルをそのまま共有するのではなく、PDFというファイルに変換し
て、それを共有します。PDFは「電子の紙」ともよばれ、紙に印刷するのと
同じ状態のイメージを保存でき、次のような特徴をもっています。

1. 作成者が使ったソフトがなくても閲覧できる

　文書のファイル（たとえばWordファイル）を閲覧するときには、作
成に使用したソフト（たとえばWord）が閲覧者のパソコン（やスマート
フォン）に入っていなければなりません。もし入っていなければ、その
ソフトを購入しなければなりません。しかし、PDFを閲覧するためのソ
フト（PDFビューアー）はたいていのパソコンに最初から入っているか、
入っていなくても無料でダウンロードすることができます。閲覧者が余
計な出費をする必要がなくなります。

2. 作成者が想定したとおりのレイアウトで閲覧することができる

　文書ファイル（たとえばWordファイル）は、異なるパソコンやスマー
トフォンで閲覧すると作成者のパソコンとは違うレイアウトで表示され
ることがあります。また、「文字化け」をして読めないという場合もあり
ます。PDFの場合は、どのパソコンやスマートフォンでもレイアウトが
変わらないので、作成者の意図したレイアウトで閲覧できます。

3. 改ざんしにくい

　PDFは閲覧者が内容を変更できないようにしたり、許可された閲覧者
しか閲覧ができないような設定ができたりします。

3 PDFファイルへの変換方法

　ファイルを保存するときの手順とPDFに変換する手順はほぼ同じです。

プラスワン

PDF作成用ソフト
有償・無償問わず、
PDF作成用のソフト
は数多くある。閲覧の
みで印刷を許可しな
いような設定や、暗号
化を設定できるものも
ある。これらのソフト
を利用してPDFを作
成する場合は、[ホー
ム]タブの[印刷]を選
び、プリンターの選択
で、該当するソフト名
を選択し、PDFを作
成するのが一般的。

図表3-16　PDFファイルへの変換

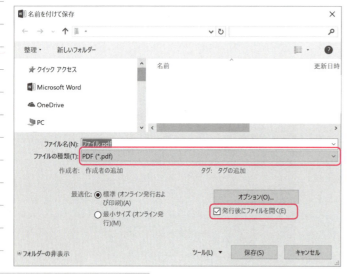

手順❶ [ファイル]→[名前を付けて保存]をク
リックします。

手順❷ [参照]でファイルの保存場所を選択しま
す。

手順❸ [ファイルの種類]で「PDF」を選択し
ます。作成後にファイルを開いて確認し
たい場合は[発行後にファイルを開く]に
チェックを入れておきます。

手順❹ [保存]ボタンをクリックします。

＊ [ファイル] → [エクスポート] → [PDF/
XPSドキュメントの作成]を選択して [PDF/
XPSの作成]をクリックしても、PDFが作成
できます（p.112参照）。

課題にチャレンジ

＜課題＞

「保護者宛ての連絡文書」を作成しましょう。作成したら、この文書のPDFファイルをつくりましょう。

- 余白（マージン）：上 25mm、下 25mm、左右 30mm
- 本文のフォント：MSゴシック、大きさ 10.5pt
- 数字はすべて半角
- 「切り取り」の左右の切り取り線は「 - 」（ハイフン）で入力

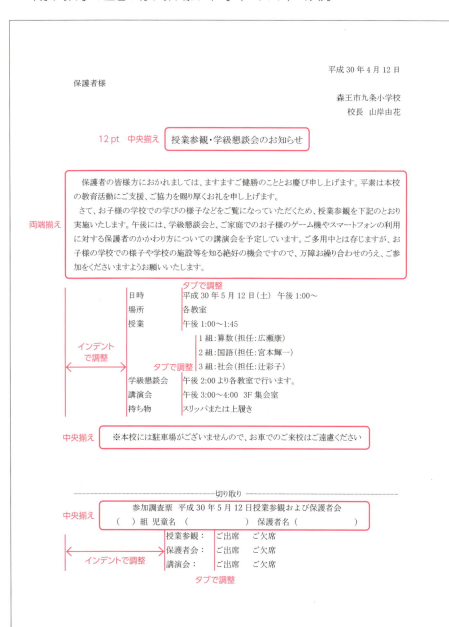

情報モラル

理解のポイント

私たちは、スマートフォンやタブレット端末等を日常的に利用していますが、それにあたっては「情報モラル」が重要となります。本講では、「情報モラル」とは何か、学習指導要領での位置づけを学んだ上で、それに関するディスカッションを行います。最後に、情報モラルの指導にあたって参考となるコンテンツを紹介します。

1　情報モラルとは何か

1　情報教育とその目標

　情報教育は、児童・生徒の情報活用能力の育成を図るものです。この情報活用能力は、「情報化の進展に対応した初等中等教育における情報教育の推進等に関する調査研究協力者会議」が1998年に最終報告として提出した「情報化の進展に対応した教育環境の実現に向けて」の中で、情報教育の目標として次の3つの観点で整理されています。

（1）課題や目的に応じて情報手段を適切に活用することを含めて、必要な情報を主体的に収集・判断・表現・処理・創造し、受け手の状況などをふまえて発信・伝達できる能力（情報活用の実践力）

（2）情報活用の基礎となる情報手段の特性の理解と、情報を適切に扱ったり、自らの情報活用を評価・改善するための基礎的な理論や方法の理解（情報の科学的な理解）

（3）社会生活の中で情報や情報技術が果たしている役割や及ぼしている影響を理解し、情報モラルの必要性や情報に対する責任について考え、望ましい情報社会の創造に参画しようとする態度（情報社会に参画する態度）

　この3つの観点は、現在に至るまで基本的な枠組みとして考えられています。本章のテーマである「情報モラル」は、「情報社会に参画する態度」に含まれます。「情報社会に参画する態度」については、先の最終報告で次の内容が示されています。

約20年前からすでにこのような議論が始まっていたのですね。

「情報社会に参画する態度」は、「情報活用の実践力」と「情報の科学的な理解」に基づき、情報化が人間や社会に及ぼす影響や、影の影響を克服するための方策を考えさせることで培われる。学習の進め方としては、小学校段階では、影の影響を極力排するように教員が情報や情報手段の活用場面を設定し、徐々に子供たちの主体性に委ねていく過程で、影の影響やそれへの対処法を明示的に指導していくことが必要である。学習の範囲としては、情報技術と生活や産業、コンピュータに依存した社会の問題点、情報モラル・マナー、プライバシー、著作権、コンピュータ犯罪、コンピュータセキュリティ、マスメディアの社会への影響などが考えられる。これらの学習においては、自分自身が情報社会の創造に関与するという観点から、単なる情報の受け手としてでなく、自らが情報の発信者になる場合の態度の育成が重要である。

　ここから重要な点をいくつか読みとることができます。まず、「**自分自身が情報社会の創造に関与する**」ことを目指して、「**単なる情報の受け手としてではなく、自らが情報の発信者になる**」ことが求められている点です。そして、それを身につけるためにも「**情報化が人間や社会に及ぼす影響や、影の影響を克服するための方策を考えさせること**」を学習として組み込むことが必要となります。この内容こそが情報モラルなのです。

2　情報モラル

　情報モラルは「情報社会において、よりよいコミュニケーションを築くためのマナー&ルール、情報リテラシー、コンピュータセキュリティ、プライバシー、著作権など知的財産権等についての知識と適切な態度」と定義されています（久保田裕『情報モラル宣言──インターネット時代の生きる力を育てる』ダイヤモンド社、2006 年）。モラルという言葉から「マナー&ルール」や「態度」に着目してしまいますが、「情報リテラシー」や情報や権利に関わるさまざまな「知識」も不可欠なのです。

　その内容を具体化したものとして、国立教育政策研究所が 2013 年に公開した「情報モラル教育実践ガイダンス」があげられます。情報モラル教育の内容として、「情報社会の倫理」と「法の理解と遵守」からなる「心を磨く領域」、「安全への知恵」と「情報セキュリティ」からなる「知恵を磨く領域」、そしてこれらの中核として「公共的なネットワーク社会の構築」が示されました（次頁**図表 4-1**）。

2　学習指導要領における情報モラル

　学習指導要領とは、文部科学省が告示する初等教育および中等教育における教育課程の基準であり、学校教育における教育の方向性や具体的な教

「情報社会の創造に関与する」という視点は重要ですね。

図表4-1　情報モラル教育の内容

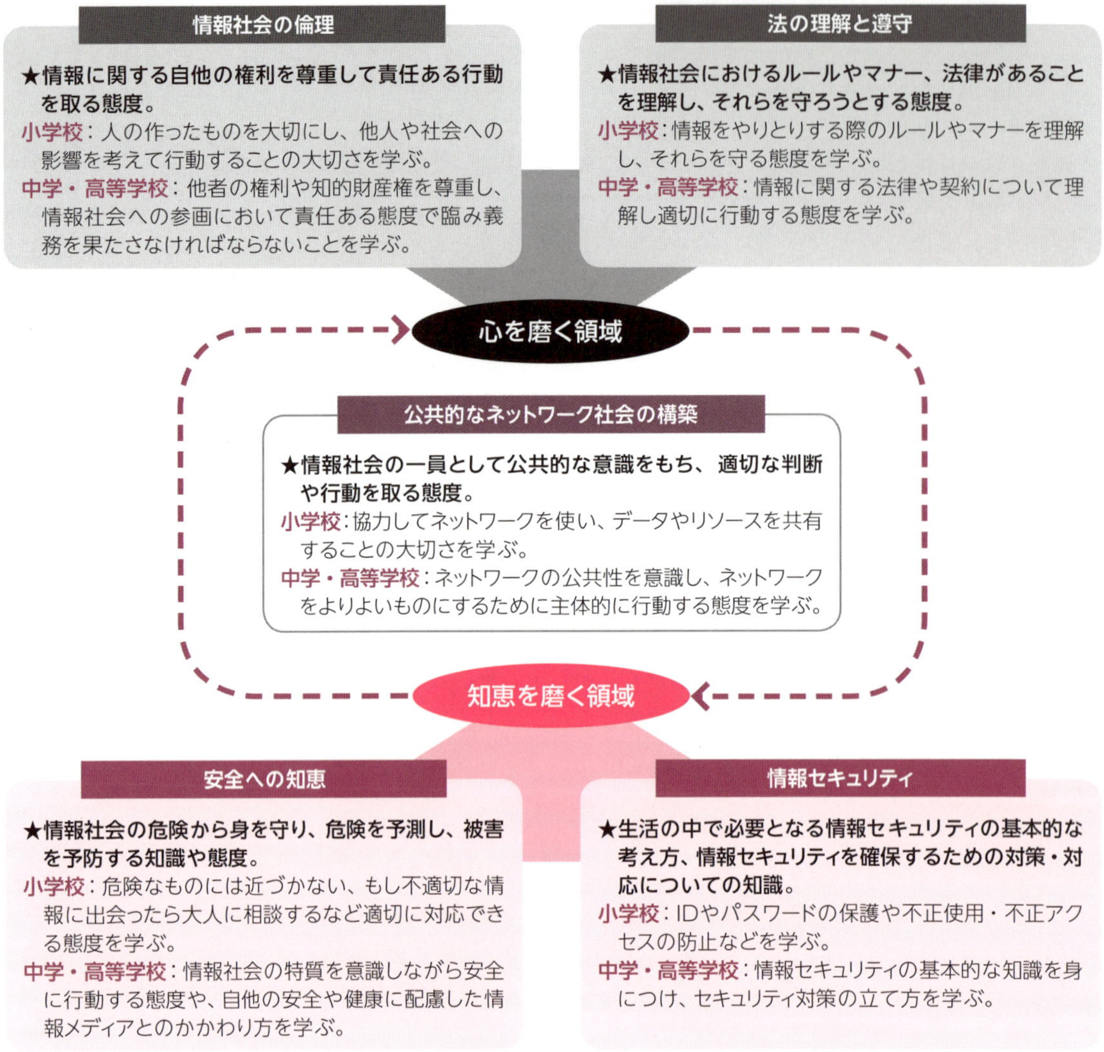

情報社会の倫理

★情報に関する自他の権利を尊重して責任ある行動を取る態度。
小学校：人の作ったものを大切にし、他人や社会への影響を考えて行動することの大切さを学ぶ。
中学・高等学校：他者の権利や知的財産権を尊重し、情報社会への参画において責任ある態度で臨み義務を果たさなければならないことを学ぶ。

法の理解と遵守

★情報社会におけるルールやマナー、法律があることを理解し、それらを守ろうとする態度。
小学校：情報をやりとりする際のルールやマナーを理解し、それらを守る態度を学ぶ。
中学・高等学校：情報に関する法律や契約について理解し適切に行動する態度を学ぶ。

心を磨く領域

公共的なネットワーク社会の構築

★情報社会の一員として公共的な意識をもち、適切な判断や行動を取る態度。
小学校：協力してネットワークを使い、データやリソースを共有することの大切さを学ぶ。
中学・高等学校：ネットワークの公共性を意識し、ネットワークをよりよいものにするために主体的に行動する態度を学ぶ。

知恵を磨く領域

安全への知恵

★情報社会の危険から身を守り、危険を予測し、被害を予防する知識や態度。
小学校：危険なものには近づかない、もし不適切な情報に出会ったら大人に相談するなど適切に対応できる態度を学ぶ。
中学・高等学校：情報社会の特質を意識しながら安全に行動する態度や、自他の安全や健康に配慮した情報メディアとのかかわり方を学ぶ。

情報セキュリティ

★生活の中で必要となる情報セキュリティの基本的な考え方、情報セキュリティを確保するための対策・対応についての知識。
小学校：IDやパスワードの保護や不正使用・不正アクセスの防止などを学ぶ。
中学・高等学校：情報セキュリティの基本的な知識を身につけ、セキュリティ対策の立て方を学ぶ。

国立教育政策研究所「情報モラル教育実践ガイダンス」（2011年）をもとに作成

育内容等が示されています。2017年3月に小・中学校の学習指導要領が改訂されましたが、その全体の方向性を示す「総則」の中で「情報モラル」についても言及されています。2017年6月に公表された「小学校学習指導要領解説　総則編」（中学校も同様）において、情報モラルを確実に身につけるために、「情報発信による他人や社会への影響について考えさせる学習活動」「ネットワーク上のルールやマナーを守ることの意味について考えさせる学習活動」「情報には自他の権利があることを考えさせる学習活動」「情報には誤ったものや危険なものがあることを考えさせる学習活動」「健康を害するような行動について考えさせる学習活動」等が必要であると示しています。さらに、情報モラルに関する指導にあたっては次のような取り組みも求められています。

- 情報の収集、判断、処理、発信など情報を活用する各場面での情報モラルについて学習させること
- 情報技術やサービスの変化、児童・生徒のインターネットの使い方の変化にともない、学校や教師はその実態や影響に係る最新の情報の入手に努め、それに基づいた適切な指導に配慮すること
- 児童・生徒の発達の段階に応じて、たとえば、インターネット上に発信された情報は基本的には広く公開される可能性がある、どこかに記録が残り完全に消し去ることはできないといった、情報や情報技術の特性についての理解に基づく情報モラルを身につけさせ、将来の新たな機器やサービス、あるいは危険の出現にも適切に対応できるようにすること
- 情報モラルに関する指導は、道徳科や特別活動のみで実施するものではなく、各教科等との連携や、さらに生徒指導との連携も図りながら実施すること

　ここから、児童・生徒の現在また将来の「活用」を前提としてさまざまな場面で指導していくこと、そのために教師が積極的に情報収集しながら児童・生徒の発達段階に応じた授業や活動を自ら構想していくことが必要となってくることがわかります。

3　情報モラルの指導を構想する

　児童・生徒の発達段階に応じた授業や活動を考えていくために、ここではその取り組みの具体例を考えてみましょう。

ディスカッションしてみよう！

左ページの図を参考にグループで相談して一つの領域を選び、その領域に関して自分が意識して取り組んでいることや留意していることを書き出しましょう。書き出した後、グループで共有しましょう。

例えば・・・

情報モラルの指導を行うにあたっては、児童・生徒が家庭や友人同士でどのような活用をしているかの、実態把握が大切です。

最近ではSNS*上でのコミュニケーションもあたりまえになってきています。特に問題となっているのが、無料通話アプリ上でグループメッセージのやりとりをしている最中にある対象者を無視したり、その対象者には内緒で別のグループが組まれていたりすることです。みなさんならば、このような事態にどのように対処しますか。当事者として、また教師としてそれぞれの立場で考えを書きましょう。

【当事者】

【教　師】

4 情報モラル指導の参考となるコンテンツ

ここでは授業や活動で活用可能なコンテンツを紹介していきます。

①情報モラル教育実践ガイダンス（国立教育政策研究所）

URL：http://www.nier.go.jp/kaihatsu/jouhoumoral/

すでに取り上げていますが、国立教育政策研究所が2013年に発刊したものです。小・中学校で情報モラル教育を実施するための手順やその際の配慮事項、情報モラル教育を無理なく確実に進めていけるようにするためのチェックリスト、実際の授業の進め方がわかる指導例などをとりまとめたものです。

②インターネットトラブル事例集（総務省）

URL：http://www.soumu.go.jp/main_sosiki/joho_tsusin/kyouiku_joho-ka/jireishu.html

「インターネットトラブル事例集」は、総務省が2009年より毎年インターネットトラブルの実例をあげ、その予防法と対処法を紹介しているものです。最新版は、平成29年版が公開されています（2017年12月現在）。2014年度、2015年度については「インターネットトラブル事例　指導案」もあるので、情報モラル指導のヒントとなります。

③ネット社会の歩き方

URL：http://www2.japet.or.jp/net-walk/index.html

情報モラルに関わる67種類の学習ユニットが準備されており、動画と音声で視

聴しながら学ぶことができます。スマートフォンやタブレット端末で利用できるアプリも開発されているので、ネットワークに接続できない教室でも活用可能です。

④学校放送番組（NHK for School）

URL：http://www.nhk.or.jp/school/

NHK for Schoolについては第20、21講で詳しく学習しますが、情報モラルに関連するコンテンツもあります。たとえば、「スマホ・リアル・ストーリー」では「ゲーム課金」「架空請求」「グループはずし」「なりすまし」「画像流出」の6テーマについて10分間の映像で学ぶことができます（2017年6月現在）。

5　おわりに

　本章のテーマである情報モラルが含まれる「情報社会に参画する態度」は「社会生活の中で情報や情報技術が果たしている役割や及ぼしている影響を理解し、情報モラルの必要性や情報に対する責任について考え、望ましい情報社会の創造に参画しようとする態度」のことです。「望ましい情報社会の創造に参画」するためには、児童・生徒が情報や情報技術を活用することが前提となります。ところが、実際の学校現場では、携帯電話やスマートフォンの利用が禁じられていることがあたりまえで、学校内の利用にあたっては学校の備品であるPCやタブレット端末に限定されています。

　その一方で、学校外ではスマートフォンでゲームをしたり、SNSで友人とコミュニケーションをとったりするのがあたりまえになっています。そのなかでトラブルに巻き込まれたり、グループはずしなど友人との人間関係の問題に直面したりしています。このような事態に陥っていることを考えると、学校での利用を制限していることが本当に望ましい姿かを問い直さねばならない段階にきているといえるでしょう。

　児童・生徒が学校で日常的に利用するなかで、情報モラルの指導を進めていくことによって、より具体的で意味あるものになっていくでしょう。

ちゃんとわかったかな？

課題にチャレンジ

＜課題1＞

　以下の設問について、それぞれ200字程度にまとめ、Wordで執筆して、担当教員に提出してください。

1. スマートフォンのセキュリティ対策を調べてまとめてみよう。
2. SNS上での「なりすまし」の見分け方と対処について調べてまとめてみよう。

＜課題2＞

　本講「5 おわりに」の内容が現実になったとします。授業で個人の携帯電話やスマートフォンが利用に可能になったら、児童・生徒にどんな指導が必要となりますか。600字程度で考えをまとめて担当教員に提出してください。

効率的な Web 検索
── 修学旅行プランの作成（1）

理解のポイント

私たちはパソコンやスマートフォンからインターネット環境にアクセスして、ネット経由で利用できる情報を入手して生活しています。本講と第6講では、このネットから得られる情報の特性や検索のしくみを紹介します。より効果的かつ主体的に情報を入手するために知っておくべきことを、操作を通じて学びましょう。

1　Webページの特性を知る

1　Webページの情報の特性

効率的な Web 検索をマスターするにあたって、情報において、Web ページと冊子体（本や辞典など）との特性の違いを知っておくとよいでしょう。そこでまず、Webページの主な構成要素を列挙してみます。

①Webページの主な構成要素

- タイトル
- ページの概要の紹介部分
- 見出し：目次に相当する部分から本文へのリンクがある場合も
- 本文：説明の文章、箇条書き部分、図・表・リンク
- 参考文献：実際の参考文献へのリンクがある場合も
- 更新日や発信元などの情報

図表5-1　Webページの画面例

この項目を見ればわかるようにWebページの一般文書との最も大きな違いが、Webページにはページ番号の概念がないために、ページ番号付の目次と索引が存在しないことです。Webページのもつリンク機能やキーワード検索機能は、その点を補うものとして飛躍的に成長してきました。

次に、これらの点も含めて、Webページにはどのような特性があるかを、書きだしてみます。

②Webページの特性

- ハイパーリンク*の機能がある（関連ページへの移動が容易である）
- メディアの多様性（本文の自由な色づけ、画像・音声・映像などの表現手法が提供される）
- 読む環境の影響（デバイス*やブラウザ*によって外観に違いがでる）
- 更新や変更の容易さ（安定性に欠けることもあるが、タイムリーな情報が得られる）
- 発行元不明や校閲過程の欠如した情報あり（信頼性はまちまちである）
- 情報のキーワードによる検索性は高い

2 Webページの選択的利用

われわれは何か調べたいことがあるとき、すっかり身近になったWeb検索に頼ってしまいがちですが、用途によっては、Web検索を利用するよりも他のメディアを利用して情報を入手した方が、よりよい場面も多々あるということをもっと意識すべきでしょう。この単元はWeb検索が元々のテーマですので、Webページを利用した検索について紹介していきますが、なんでもWeb検索に頼るのではなく、Webが得意な点でのみWeb検索を使うようにして下さい。

2 Webページからの情報検索

1 ポータルサイトからのWeb情報検索

Webページは、管理人不在の巨大なインターネット空間にあるため、一般の図書館のように蔵書目録に相当するものをつくって、存在する情報のすべてを管理できるものではありません。そのため、そこからの情報検索は容易なことではありません。

その一方で、Webページの特性として書いたように、関連する情報へのリンクが提供されているため、最初の手がかりさえ得られれば、芋づる式に関連する情報のページを探すことができるというメリットもあります。その最初の手がかりのページを見つけるためには、検索サービスを提供しているページを使います。

これらのページは、「検索（サーチ）エンジン」によって運用されており、「ポータルサイト*（portal site）」という名前でよばれます。なお、2017年現在、日本で多くの人に利用されているポータルサイトを3つ、名前、

第5講　効率的なWeb検索──修学旅行プランの作成(1)

語句説明

ハイパーリンク

「リンク」ともよばれる。複数の文書を結び付ける役割を担う。

デバイス

パソコン、タブレット、スマホなど、各種の機器のこと。

ブラウザ
（Webブラウザ）

Internet Explorer、Google Chrome、Firefoxなどがある。どの環境からでも、同じように情報が利用できることが、World Wide Webの原則である。

語句説明

ポータルサイト

portal には、「入り口、玄関」という意味があり、ここがインターネットという巨大な空間に存在する情報の入り口になる。

語句説明

URL (Uniform Resource Locator)

インターネット上に存在する情報資源（データやサービスなど）の位置を記述する形式。たとえば京都市役所の提供する情報サイトのURLは、http://www.city.kyoto.lg.jp/である。

PageRank

Googleの検索エンジンが、検索語に対するウェブページをより重要だと思われる順に並べるアルゴリズムとして用いる技術の一つ。Googleの創設者の2人（ラリー・ペイジとセルゲイ・ブリン）によって1998年に発明され、Googleの人気を支える重要な技術となった。

URL*、特徴の順で紹介します。

Google
（URL：http://www.google.co.jp/）

　キーワードを入力する全文検索系の代表で、独自のサイト格付け技術（PageRank*）により検索結果の表示順に特徴がある。

Yahoo! JAPAN
（URL：https://www.yahoo.co.jp/）

　多分野にわたる生活情報の入手に広く利用されている。

Bing
（URL：http://www.bing.com/）

　マイクロソフト社が提供する次世代検索サービスで、各ユーザーの期待した検索結果に早く到達できる工夫が施されている。

2　全文検索系の検索サービスのしくみ

　Googleに代表される全文検索サービスは、定期的にインターネット上のサーバを巡回して、その中のページをかたっぱしから収集しておくものです。インターネット全体の情報を対象に、ロボットを使って情報収集していきます。一般的に日本だけではなく世界の情報に対して収集しますし、データの種類をWebページだけに限定しないで、PDFファイルや画像ファイルなども収集します。

　全文検索系の検索サービスは、規模や種類によって運用方法は異なりますが、ほとんどの場合、以下の図のようなしくみで動いています。

図表5-2　全文検索システムのしくみ

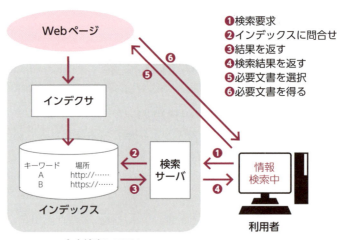

　まず、それぞれのWebページに、どのような単語が含まれているかを調べたデータを、インデクサで機械的にインデクシング（索引化）してデータベース（インデックス）をつくっておきます。それを元にして、利用者が利用時に入力した検索要求（キーワード）が含まれているWebページを見つけだし、そのURLを検索結果として返します。あらかじめつくら

れているデータベースを利用しているために、利用者がキーワードを入力した1秒以内に、検索結果が表示されるのです。

3　情報検索の結果の信頼性

　ではここからは、「修学旅行プラン」の作成を例にして情報を検索してみましょう。まず、「旅行先は京都市、訪れたい場所は京都市左京区の平安神宮エリア」に決めて、情報を収集していきます。調べたいことは、以下の2点とします。

- 京都市の人口（京都府の人口に対する割合）
- 左京区の平安神宮がある岡崎エリア

　では、Google（http://www.google.com/）に「京都　人口」などというキーワードを入力して、京都府の人口と京都市の人口を調べてみます。Googleの検索結果からは、いろいろなページが紹介されますが、ここでは京都府と京都市の公式ページから情報を探します。

図表5-3　京都府による統計ページ

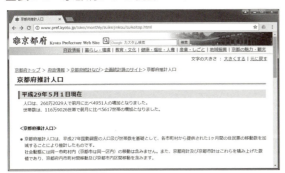

http://www.pref.kyoto.jp/

図表5-4　京都市による統計ページ

http://www2.city.kyoto.lg.jp/

　京都府の公式ページから京都府の推計人口（平成29年5月1日発表）は、2,602,029人であり、京都市の公式ページから京都市の推計人口（平成29年5月1日発表）は、1,473,110人であることがわかりました。府の人口の半分強が、京都市に住んでいるのですね。

　探して得た情報は、Word文書に貼り付けてレポートに仕上げていきます。その際、出典を記述する必要がありますので、検索するたびにページのURL、作成者、題目、更新日、あなたが最後にアクセスした日も記録しておきましょう。

図表5-5　検索結果をWordに貼り付けて修学旅行プランの作成

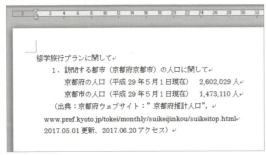

第5講　効率的なWeb検索——修学旅行プランの作成(1)

プラスワン

クラウド領域
スマホで検索した結果やスマホ上のLINEに届いた文字や写真をPC上のWordに取り込むために、スマホからでもPCからでも共通してファイルが保存できるクラウド領域を持っていると便利。

図表5-6　pref.kyoto.jp ドメインの持ち主確認サイト

Web検索を利用することで、冊子体（本や雑誌）と比べてタイムリーな情報が得られることがわかりますね。情報の信頼性に不安があるWeb情報ですが、情報源として府や市の公式ページを利用すれば信頼性については安心です。ただし、本文に「これは○○の公式ページです」と書いてあっても、実際は偽りのページであることもありえます。公式ページでない個人のWebページに「これは公式ページです」と書いて公開できるからです。

　情報源のURLに含まれるドメイン名（組織名）が、本当に公式ページであるかは、http://whois.jprs.jp/ など、各ドメイン名の情報を見ることができるWHOISサービス*のページで確かめてみましょう。

　このような方法で、情報源を意識したり、それが事実誤認や誇張などを含まない正しい情報であることを複数のサイトを見て確認したりするなどの「ファクトチェック（事実確認）」のクセをつけることは、Web検索において重要なことです。

4　特別なサイトを利用した情報検索

　Webブラウザは情報収集の窓口となりますが、その窓口の奥でどのようなサイトが使われているかは、常に意識しておく必要があります。なぜなら、表面は同じブラウザであっても、実際に利用しているサイトには、全世界に公開されている一般のページ以外に、有料の新聞記事や雑誌記事サイト、学術機関の機関レポジトリとよばれる複数のデータや情報などが体系立てて保管されているデータベースサイトなど、さまざまなものがあるからです。

　たとえば、多くの学校図書館や公共図書館では、有料の新聞記事サイト*や雑誌記事サイトが利用できます。これは図書館がそのサイト（新聞社など）と有料の契約をしているからで、その組織のネットワーク内からのみ、利用できるしくみになっています。有料である分、信頼性の高い情報が得られる傾向があります。各種新聞社の速報サイトは、誰でも利用できますが、何十年も前の新聞記事から検索したいのであれば、これらの有料のサイトが利用できる場所から検索するようにしましょう。

5　主体的にWeb情報を利用

　Web上にはすでにたくさんの有益な情報がありますが、より主体的にネットを利用するためには、実際にサイトを提供している情報元や、「Yahoo!知恵袋」などの質問に答えてもらえるサイトに質問を投げかけてみるのも、情報収集の一つの方法です。

　インターネットには歴史的に、ギブ・アンド・テイクの文化があり、質問者に対して親切な返事が届くケースも多いからです。ただし、多くのFAQ*は、すでにネットに存在していますので、まずはそちらを検索して参照した後で質問を書くなど、情報の海を賢く利用する工夫は必要です。

課題にチャレンジ

<課題1>

　ある地域の人口を信頼できるサイトから調べてみましょう。なぜあなたは、その数字を信頼しましたか?　自分が人口を調べるのに使ったサイトのドメイン名から、そのページを提供している組織名も調べてみましょう。

大阪市の人口の調査例

www.city.osaka.
lg.jpの情報が信頼
できるのはなぜ?

<課題2>

　各種の情報メディア (Webページ、百科事典、新聞、芸能ネタの週刊誌など)の特性 (メディアの多様性、読む環境の影響、更新・変更の容易さ、校閲過程の欠如、情報の検索性、入手にかかる費用など) を比較してみましょう。

> **情報メディア:**
> **特性:**

> **情報メディア:**
> **特性:**

> **情報メディア:**
> **特性:**

> **情報メディア:**
> **特性:**

効率的な Web 検索
——修学旅行プランの作成 (2)

理解のポイント

第5講に引き続き、ネットから得られる情報をより効果的に入手するために知っておくべきことを、操作を通じて学びます。本講では特に、検索時に複数のキーワードを入力して絞り込む手順や、検索範囲の指定方法などを紹介しますので、有益な情報を短時間で見つけるコツを身につけて下さい。

1 情報検索サービスの効率のよい利用

1 調べたい具体的な項目をキーワードとして与える

　修学旅行で訪れる「京都」に関して、「左京区の平安神宮がある岡崎エリア」を調べるために、全文検索システムの代表といえる Google に「左京区の岡崎エリア」というキーワードを入力したところ、次のサイトが見つかりました。

図表6-1　「京都・岡崎コンシェルジュ」

http://www.kyoto-okazaki.jp/spot/heian-jinngu

　このサイトは、「京都岡崎魅力づくり推進協議会」という団体が情報提供しているもので、この地区の観光地やイベントの案内まで、詳細に紹介されています。

　具体的に行きたいところを決める前に「京都に修学旅行」というキーワードを入れて、いわゆる「修学旅行応援サイト」を閲覧すると、情報の範囲が広すぎて時間ばかり費やしてしまいがちです。そこで、まず先に本や雑誌などの Web 以外のメディアを利用するなどして、具体的に調べたい項目（今回の場合は地区名）を絞り込んでから Web 検索するとよいでしょう。

2 複数のキーワードを与える

　より効率のよい検索のための２つ目の工夫としては、複数のキーワードの指定方法を知っておくとよいでしょう。その場合、キーワードＡとキーワードＢの両方が含まれるものを探すのか、いずれかが含まれるものを探すのか、キーワードＡの含まれるものからキーワードＢを除くのかを指定する必要があります。そのときに基本となるのが、「AND検索」「OR検索」「NOT検索」の概念です。

　修学旅行プランの作成を例に、Googleに複数のキーワードを入力してみましょう。

図表6-2　AND 検索、OR検索、NOT検索

AND検索

　岡崎地区にある図書館を調べたい場合、一般的なAND検索では、

　　　京都岡崎　AND図書館

というように入力します。ただし、Googleの場合はANDを省略して

　　　京都岡崎　図書館

と入力することで、京都岡崎の検索結果（約 17,700,000 件）の中から、図書館に関係ある、約 609,000 件を選び出してくれます。そして、その一番目の検索結果が、岡崎地区の中心地にある「京都府立図書館」でした。

OR検索

　複数のキーワードのどちらかが含まれたページを検索したい場合、OR検索を使います。「京都府立図書館」あるいは「京都市立図書館」、つまりどちらのページも検索した場合は、キーワードの間に、「OR」あるいは「｜（パイプ記号、縦棒）」を入れて、

　　　京都府立図書館　OR京都市立図書館
　　　京都府立図書館　｜京都市立図書館

のように入力します。

NOT検索

　検索結果の中から、あるキーワードの含まれたページを除外したい場合は、NOT検索を使います。キーワードの間には、「NOT」あるいは「 -（マイナス記号）」を入れます。京都岡崎の結果から、神社仏閣を省きたい場合は、

　　　京都岡崎　NOT神社仏閣
　　　京都岡崎　-神社仏閣

のように入力します。

> AND、OR、｜、NOT、-の後にスペースは入れません。

この直接記号を入力する方法は、記号と2つ目のキーワードの間にスペースを入れてはいけないなど、形式上の決まりを覚えておかないと上手く使えません。そこで、Googleの検索画面の［設定］というプルダウンメニューから、［検索オプション］の画面を使う方法が便利でしょう。

図表6-3　検索ページから［検索オプション］を利用（Googleの例）

3　個人名など固有名詞の効率よい検索

個人名など固有名詞は、"　"（ダブルクォーテーション）で囲むことで効率よく検索できます。これは、「語順も含めて完全一致」とよばれる検索方法で、たとえば「Judy Nagayama（人名）」といった、複数の単語からなるひとかたまりのキーワードを単に「Judy Nagayama」と別々のワードとして入力して検索すると、JudyとNagayamaのAND検索になってしまいます。そこで、"Judy Nagayama"という風に「語順も含めて完全一致」を指定することで、実際にこの名前の人物について調べられます。

なお、Googleの検索オプションのページにも「語順も含め完全一致」という項目が用意されていますので、そちらに入力することもできます。その場合は、"　"で囲む必要はありません。

2　検索範囲を指定する

1　ドメイン名の絞り込み

検索結果は、利用されている言語、ファイル形式、日付、検索の対象とする箇所、ドメイン名などで絞りこむことができます。

特に、ドメイン名での絞り込み方法を知っていると便利です。この機能を使えば、「権威のあるサイトやドメインに限定して探すこと」や、逆に「このサイトやドメインの情報は除いて探すこと」ができるからです。

https://www.library.pref.kyoto.jp/ が、京都府図書館の公式のWebサイトだということがわかっていますので、「このサイトだけからの情報を探したい」という範囲の限定は、Googleのトップページの検索の箱に、「site:」を挿入します。たとえば、

Wikipediaにエントリーされているような有名な人物の場合は、「語順を含めて完全一致」の指定をしなくても、その人物について調べられます。

ドメイン名での絞込みでは、ac.jpと指定することで、学術機関のみのページからの検索ができるため、学術的な資料にアクセスできます。

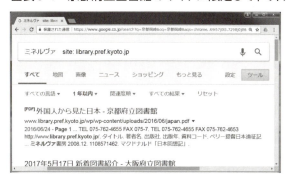ミネルヴァ site: library.pref.kyoto.jp

と記述することで、このサイトにある「ミネルヴァ」に関する情報に限定して検索することもできます。

逆に、京都府立図書館のサイトからの情報を省く場合は、

ミネルヴァ -site: library.pref.kyoto.jp

というように、siteの前にマイナス記号を入れます。

図表6-4　京都府立図書館のサイトに限定して「ミネルヴァ」で検索

サイトの指定も、Googleの検索オプションのページで指定できます。

**図表6-5　特定したドメインのサイトの1年以内に
　　　　　更新されたPDFファイルのみを検索**

❶言語：そのページが書かれた言語の指定
❷地域：そのページが書かれた地域の指定
❸最終更新日：そのページが最後に更新された時期の指定
❹サイトまたはドメイン：このサイトやドメイン名の中から探すという指定の他、go.jp と指定すれば政府関係の中から、ac.jp なら学術機関、co.jp と指定することで会社のページから探すことも可能
❺検索対象の範囲：指定したキーワードが含まれている場所を［タイトルのみ］［本文のみ］［URLのみ］［そのページへのリンク内］で絞り込み
❻セーフサーチ・フィルタのオン/オフ：アダルトサイトの除外
❼ファイル形式：そのページのファイル形式（PDF、PS、DOC、PPTなど）の指定

　上の検索オプションでlibrary.pre.kyoto.jpのサイトにあるPDFファイルのみを検索すると、京都府立図書館が公開している各種の正式な文書を閲覧することもできます。紙で発行している冊子をPDFに変換して、Webページで公開するケースも多いからです。

　Webページの画像を修学旅行プランの文書に取り込む方法を紹介します。
　Windowsの一般的なブラウザの場合、画面の上でマウスの右ボタンを押し、「名前を付けて保存」などの指示をすることで保存できます。たと

えば、以下の画像をファイルとして保存します。

図表6-6　画像の保存例

　Web上の画像や写真を自分の文書に使う場合には、著作権法にも注意しましょう。

図表6-7　PDFで提供されている文書の閲覧例

　京都府立図書館では、児童や生徒に対して図書館見学を提供していることがわかり、その申し込み方法は、通常のページ（「HOME ＞　学校支援 ＞　図書館見学」）にありましたので、その情報を取り入れて、Wordを以下の修学旅行プランをつくることができました。

図表6-8　検索結果をWordに貼り付けて修学旅行プランの作成

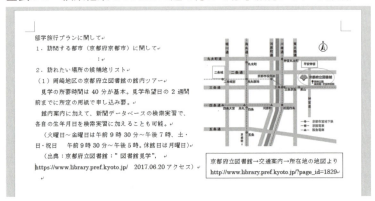

課題にチャレンジ

＜課題1＞

　効果的なWeb検索の手段を使って、先に紹介したような旅行プランを作成してみましょう。その際、この講で紹介した各種の検索オプションを使うことで、検索結果がどのように変わったかを整理してみましょう。

＜課題2＞

　中高生、大学生はもちろん、小学生時代の「調べ学習」にもWeb検索が使われるようになりました。Webで簡単に情報が調べられることによって「調べ学習」の主流になっていることの功罪に関して、考えてみましょう。

Web検索の功：

Web検索の罪：

タイピングのスキルアップ

理解のポイント

PCの操作スキルのうちで最も基礎的で重要なのは「タイピングスキル」です。本講では、ホームポジションの習得と1分間に150字の入力ができることをめざします。継続的な練習によってタイピングスキルを身につけましょう。

1 タイピングスキルがなぜ重要か

　PCを操作するにあたって最も基礎的で重要なスキルが、キーボードによるタイピングです。文字入力ができなければPCを活用した作業はほとんどできません。さらに入力ができたとしても、タイピングのスピードが上がらなければ作業効率は上がりません。モニタを見ながら指先の感覚だけを頼りに入力するタッチタイピング（ブラインドタッチ）ができるようになるとPCでの作業効率は飛躍的にアップします。

　最近では、スマートフォンのアプリケーションでもワープロソフトやプレゼンテーションソフトがあるため、PCと同じ作業をスマートフォン上で行うことも可能です。そのためPCで作業することの必然性がなくなってきたともいえますが、大学等でのレポート作成や職場での事務作業はPCで行うのが一般的でしょう。また、作業効率の面からみてもPCで行った方がスムーズに進む場合が多いと考えられます。だからこそ、本章ではタイピングのスキルアップをテーマに取り組んでいきます。

タッチタイピングの習得をめざすことが重要です。

2 タイピング練習

　タイピングを練習するには、有料またはフリーのタイピングソフトもしくはインターネットのタイピング練習サイトを活用するのが最適です。ゲーム感覚でタイピングスキルを向上させることができるからです。

　本書では、大学等でソフトのダウンロードが制限されている場合が多いことを想定して、インターネットのタイピング練習サイト「P検無料タイピング練習（http://www.pken.com/tool/typing.html）」を活用します。

ICTに関する検定を運営している協会が提供している無料のタイピング練習サイトであり、ホームポジションの習得から日本語・英語の入力まで着実に学ぶことができます。

3 ホームポジション

　ホームポジションとは、タッチタイピングの際に基本となる指を置く位置のことです。下図の通り、右手は人差し指から小指までを「J」「K」「L」「;」、左手は人差し指から小指までを「F」「D」「S」「A」に置き、両手の親指はスペースキーの上に置きます。

図表7-1　キーボードとホームポジション

●＝ホームポジション

　ホームポジションからの入力に慣れると入力スピードが飛躍的に速くなります。「P検無料タイピング練習」でホームポジションを習得しましょう。
　「P検無料タイピング練習」のサイトから「ホームポジション」のリンクをクリックし、以下の「スタート」（❶）をクリックします。

図表7-2　「P検無料タイピング練習」

http://www.pken.com/tool/typing.html

制限時間は5分からスタートしてみましょう。設定後、「タイピングを開始する」（❷）をクリックします。

図表7-3　制限時間の設定

図表7-1のホームポジションに指を置いて、スペースを押して開始します。

図表7-4　スペースを押してスタート

画面上にアルファベット（❸）と押す指（❹）が表示されますので、キーボードを見ずに画面だけを見て入力しましょう。

図表7-5　アルファベットと指の表示

画面だけを見て入力するのは難しいかもしれませんが、何度も繰り返し練習しましょう。

制限時間が終わると成績表が表示されます（印刷も可能です）。

図表7-6　成績表の表示

4　タイピング課題の目標設定

「日本語ワープロ検定」の3級では、5分間に150文字の入力が目安となっています。その文字数をめざして練習に取り組みましょう。

「P検無料タイピング練習」のサイトから「日本語入力のページ」を選択し、スタート（❺）をクリックします。

図表7-7　日本語入力のページ

図表7-8　制限時間の設定

制限時間はあらかじめ5分に設定されているので（❻）、「タイピングを開始する」（❼）をクリックします。

スペースキーを押して、入力を開始します。「。」まで入力すると次の文が表示されます。

図表7-9　表示された文を入力

こちらも終了後に成績表が表示されます（印刷も可能です）。

図表7-10　成績表の表示

タイピングの精度も意識しましょう。誤タイプを減らすことで入力文字数も増加します。

5　事例：学級・学校でタイピング練習に取り組む

　小学生がキーボード入力を楽しみながら練習し、そのスキルを高めてもらいたいとの願いから誕生したのが、全国小学生キーボード検定サイト「キーボー島アドベンチャー」です。

全国小学生キーボード検定サイト「キーボー島アドベンチャー」
URL：http://kb-kentei.net/

　「キーボー島アドベンチャー」は、個人ではなく、学校単位・学級単位で登録を行います。学校の代表者もしくは担任教師が申し込みをし、児童の登録を行ってから取り組みがスタートします。
　「キーボー島アドベンチャー」は、ロールプレイングゲームに見立てたタイピング練習で、30級から１級までスモールステップで成長が自覚しやすくなっています。また、全国の参加者中の順位や自分の学年での順位

図表7-11 「キーボー島アドベンチャー」

http://kb-kentei.net/

がわかるので、学級や学校内でお互いにタイピングスキルを高め合うことができるのです。インターネットにアクセスできる環境であればどこからでも参加できるので、自宅で練習することも可能です。タイピングスキルは継続的に取り組むことで向上していくので、それを促す学習環境となっているのです。

　教師用の管理画面からは、担当する児童の進級状況やアクセス状況、全国ランキングでの順位が確認できるようになっています。子どもたちの進級状況を見守り、励ましの声をかけていくことが教師には求められます。

　「キーボー島アドベンチャー」の留意点は、年度毎にリセットされることです。それぞれの取り組みの成果は引き継がれませんので、学年が変わるたびに新規に登録し直す必要があります。だからこそ、年度末にはそれぞれの児童の成長が年度初めからどれほど向上したかを、しっかりととらえておくことが必要となります。

　本講では、タイピングスキルの向上を取り上げましたが、大事なことは継続です。まずタッチタイピングができるようになるまで時間をかけて続けていけるかが鍵を握ります。そのためには、「キーボー島アドベンチャー」の事例からもわかるように、お互いに切磋琢磨できる仲間が必要です。グループまたクラスで一丸となってPCの操作で最も基礎的で重要なタイピングスキルをしっかりと高めていきましょう。

ちゃんとわかったかな？

課題にチャレンジ

<課題>

　5分150文字以上（日本語ワープロ検定3級）が達成できたら、成績表をプリントアウトして担当教員に提出してください。すでに達成できている人は、200文字以上（準2級）、250文字以上（2級）に挑戦してください。

Excelで簡単な 表の作成や関数の利用（1）
――基本機能の理解と表の作成

たくさんの機能が用意されていますが、全部覚える必要はありません。やりたいことに合わせて必要な機能だけを覚えておけば大丈夫です。

理解のポイント

現在、学校実務にあたって、Wordとともによく使われているのが、Excelです。このソフトでは、テストの成績や出欠状況など、さまざまなデータを表として一覧にできるほか、平均点や分布状況を計算したり、グラフ化もできる、非常に便利なソフトウェアです。この講では、まず、Excelの画面をもとに基本的な機能を理解して、利用方法を学習しましょう。

1 Excelの画面構成と各種機能

1 Excelの画面構成

Excelのメインの画面は、下の図のようにマス目で構成されており、基本的に1つのマスに1つのデータを入力して使用します。

図表8-1 Excelの画面

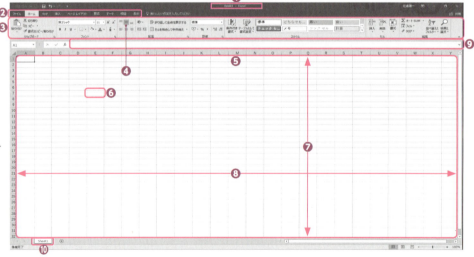

❶タイトルバー：保存するファイル名やソフトウエア名が表示
❷タブ：［挿入］や［ページレイアウト］などをクリックすると、それぞれのリボンが表示
❸リボン：タブごとにリボンが設定され、各種機能のボタンが表示
❹ボタン：フォントの大きさや色、文字の配置などの各種機能を指定
❺ワークシート：データや文字情報を表示するメインの作業画面
❻セル：ワークシートに入力する情報の基本単位となるマス目。1つのマス目に1つの情報が原則。セルは、列番号と行番号で特定される
❼列：縦方向のセルの並びで、アルファベットの順列によって特定される
❽行：横方向のセルの並びで、数字の

順列によって特定される
❾数式バー：現在、選択されているセルの情報が表示される。たとえば、セルの値が計算による答えであった場合、元となる計算式が表示される
❿シート見出し：複数のワークシートで構成される場合の見出し

2 ファイルの保存、ファイルを開く

図表8-2　ファイルの保存

＜保存の方法＞
手順 [ファイル]タブ（**❶**）をクリック。[名前を付けて保存]（**❷**）→[参照]（**❸**）をクリックすると[名前を付けて保存]のウィンドウが表示されるので、保存場所を指定し、ファイル名を入力して（**❹**）、[保存]（**❺**）をクリックします。

図表8-3　ファイルを開く

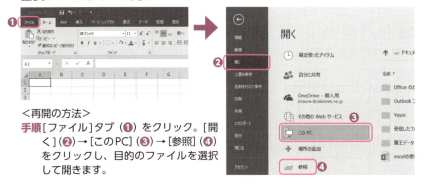

＜再開の方法＞
手順 [ファイル]タブ（**❶**）をクリック。[開く]（**❷**）→[このPC]（**❸**）→[参照]（**❹**）をクリックし、目的のファイルを選択して開きます。

　上記のように、作成したデータの保存方法と、再び作業を再開するときに開く方法を、まずは理解しておきましょう。なお、授業等で学習する場合、データ保存の場所や方法は担当の先生に必ず確認してください。

2 Excelでできるさまざまなこと

1 学年やクラスの成績一覧と多様な評価データの作成

　学年全体やクラス別の成績一覧を作成できます。これをもとに、教科別の平均点の計算や、「目標に準拠した評価」を考える上で、得点の分布率をグラフで表すこともできます。さらに、個人別に教科間の差異を計算することで、「個人内評価」の指標に利用することもできます。

図表8-4　クラスのテスト成績一覧表の例

	A	B	C	D	E	F	G	H
1	出席番号	氏名	国語	算数	英語	理科	社会	合計点
2	1	浅田　和人	85	82	90	78	92	427
3	2	今井　優子	90	78	93	75	88	424
4	3	内村　一樹	75	70	85	63	83	376
5	4	江川　華	78	93	80	70	95	416
6	5	落合　修也	92	90	88	85	92	447

2 クラス名簿の作成

　セルで扱うことのできるデータは、数字だけではありません。文字データも入力できますので、たとえば、クラス名簿を作成することもできます。さらに、「並べ替え」という機能を使うと、データをアイウエオ順に並べ替えたり、男女別にまとめて表示したりすることもできます。

図表8-5　クラス名簿の例

出席番号	氏名	性別	郵便番号	住所	電話番号
1	浅田　和人	男	598-0099	大阪市鶴岡区今井北3-1	0699-82-1041
2	今井　優子	女	598-0097	大阪市鶴岡区米田5-3-302	0699-83-5242
3	内村　一樹	男	598-0097	大阪市鶴岡区米田2-1	0699-83-9247
4	江川　華	女	598-0099	大阪市鶴岡区今井北43-2	0699-82-6320
5	落合　修也	男	598-0097	大阪市鶴岡区米田旭町12-5	0699-83-4888
6	加藤　佳美	女	598-0097	大阪市鶴岡区米田8-7	0699-83-9276

3 Wordなど他のソフトと組み合わせて事務文書の作成

　Excelの優れた機能として、各種グラフや図表の作成が簡単にできる点があげられます。そのグラフなどをコピーして、Word（第2〜3講）やPowerPoint（第10講）などに貼り付けることで、保護者の方にも読みやすい事務文書が作成できます。

図表8-6　保護者宛の事務文書への利用例

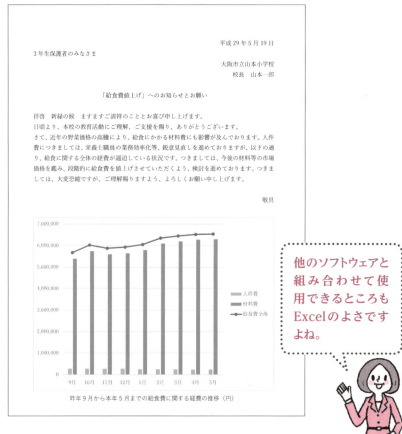

他のソフトウェアと組み合わせて使用できるところもExcelのよさですよね。

54

3 さっそくチャレンジ！クラス成績一覧表の作成

それでは教師の仕事の一例として、早速、クラスの成績一覧表を作成する練習をしてみましょう。以下に、担当するクラスの生徒の個人成績の結果が各教科担当の先生方から渡されました。これを一覧表にしてみましょう。

> Excelの各種機能を一つひとつ知っていくのもよいのですが、目的に応じて使いながら慣れていくのも、上達の近道ですよ。

図表8-7　個人成績の結果例

国語	2年1組			数学	2年1組			英語	2年1組			理科	2年1組			社会	2年1組	
1	浅田　和人	85		1	浅田　和人	82		1	浅田　和人	90		1	浅田　和人	78		1	浅田　和人	92
2	今井　優子	90		2	今井　優子	78		2	今井　優子	93		2	今井　優子	75		2	今井　優子	88
3	内村　一樹	75		3	内村　一樹	70		3	内村　一樹	85		3	内村　一樹	63		3	内村　一樹	83
4	江川　華	78		4	江川　華	93		4	江川　華	80		4	江川　華	70		4	江川　華	95
5	落合　修也	92		5	落合　修也	90		5	落合　修也	88		5	落合　修也	85		5	落合　修也	92
6	加藤　佳美	80		6	加藤　佳美	78		6	加藤　佳美	83		6	加藤　佳美	70		6	加藤　佳美	80
7	岸田　悠	65		7	岸田　悠	70		7	岸田　悠	60		7	岸田　悠	50		7	岸田　悠	80
8	工藤　美咲	83		8	工藤　美咲	95		8	工藤　美咲	90		8	工藤　美咲	82		8	工藤　美咲	98
9	検見川　裕太	98		9	検見川　裕太	93		9	検見川　裕太	100		9	検見川　裕太	88		9	検見川　裕太	98
10	古賀　凜	75		10	古賀　凜	60		10	古賀　凜	75		10	古賀　凜	70		10	古賀　凜	90
11	佐藤　淳	82		11	佐藤　淳	85		11	佐藤　淳	80		11	佐藤　淳	75		11	佐藤　淳	83
12	志賀　はるか	80		12	志賀　はるか	73		12	志賀　はるか	78		12	志賀　はるか	68		12	志賀　はるか	78
13	須藤　美紀	62		13	須藤　美紀	90		13	須藤　美紀	75		13	須藤　美紀	70		13	須藤　美紀	92
14	瀬川　春樹	78		14	瀬川　春樹	82		14	瀬川　春樹	70		14	瀬川　春樹	85		14	瀬川　春樹	88
15	園田　早希	80		15	園田　早希	75		15	園田　早希	82		15	園田　早希	78		15	園田　早希	85
16	立川　瞬	83		16	立川　瞬	80		16	立川　瞬	95		16	立川　瞬	84		16	立川　瞬	90
17	千野　律也	95		17	千野　律也	98		17	千野　律也	90		17	千野　律也	90		17	千野　律也	100
18	津島　友梨香	72		18	津島　友梨香	80		18	津島　友梨香	75		18	津島　友梨香	75		18	津島　友梨香	87
19	寺田　雄一郎	78		19	寺田　雄一郎	85		19	寺田　雄一郎	70		19	寺田　雄一郎	80		19	寺田　雄一郎	90
20	戸田　しおり	85		20	戸田　しおり	82		20	戸田　しおり	88		20	戸田　しおり	73		20	戸田　しおり	85

手順❶ ワークシートの各行・列に記入すべきことを決めます。まずは、ワークシートにどのような成績一覧表を作成するかをイメージする必要があります。この場合、たとえば、列方向には「出席番号」「氏名」を入力し、行方向には「科目名」を入力する方法が考えられます。

図表8-8　行と列の記入例

	A	B	C	D	E	F	G	H
1	出席番号	氏名	国語	数学	英語	理科	社会	合計点
2	1	浅田　和人						
3	2	今井　優子						
4	3	内村　一樹						
5	4	江川　華						
6	5	落合　修也						
7	6	加藤　佳美						
8	7	岸田　悠						
9	8	工藤　美咲						
10	9	検見川　裕太						
11	10	古賀　凜						
12	11	佐藤　淳						
13	12	志賀　はるか						
14	13	須藤　美紀						

E24

> 入力したいセルをクリックすると、そのセルの周囲が太枠になります（これを**アクティブセル***といいます）。そこで、文字や数字をキーボードで入力していきましょう。
> 最後に［enter］キーを押すと入力完了です。
>
> | 3 | 内村　一樹 | 75 |
> | 4 | 江川　華 | 78 |
> | 5 | 落合　修也 | |
> | 6 | 加藤　佳美 | |
> | 7 | 岸田　悠 | |

> セル内の文字の入力や修正の方法は、基本的に他のソフトウェアと同じです。ただし、アクティブセルになっていることを必ず確認しましょう。

語句説明

アクティブセル

データ入力が可能になっているセル。通常、太枠でセルが囲まれている状態で表示される。

　一覧表の全体像ができあがったので、セルに順次点数データを入力していきましょう。

手順❷点数データを入力する。

図表8-9　セルへの入力例

	A	B	C	D	E	F	G
1	出席番号	氏名	国語	算数	英語	理科	社会
2	1	浅田　和人	85	82	90	78	92
3	2	今井　優子	90	78	93	75	88
4	3	内村　一樹	75	70	85	63	83
5	4	江川　華	78	93	80	70	95
6	5	落合　修也	92	90	88	85	92
7	6	加藤　佳美	80	78	83	70	80
8	7	岸田　悠	65	70	60	50	80
9	8	工藤　美咲	83	95	90	82	98
10	9	検見川　裕太	98	93	100	88	98
11	10	古賀　凜	75	60	75	70	90
12	11	佐藤　淳	82	85	80	75	83
13	12	志賀　はるか	80	73	78	68	78
14	13	須藤　美紀	62	90	75	70	92
15	14	瀬川　春樹	78	82	70	85	88
16	15	園田　早希	80	75	82	78	85
17	16	立川　瞬	83	80	95	84	90
18	17	千野　律也	95	98	90	90	100
19	18	津島　友梨香	72	80	75	75	87
20	19	寺田　雄一郎	78	85	70	80	90
21	20	戸田　しおり	85	82	88	73	85

手順❸見やすい表となるように文字の配置や行・列の幅を調整する。
このままでは、表が横に広がっていて見にくいですし、さらに個人の合計点や平均点を計算して表示する場合には、表をわざわざ横にスライドさせて見なければなりません。また、出席番号と氏名が寄せられて表示されているのも読みにくい一因です。そこで、文字の配置を変えたり、行・列の幅を調整したりして見やすくなるように工夫してみましょう。

書類は内容も大切ですが、読む人が見やすい、わかりやすいものとなっているか配慮することも大切ですね。

手順❹出席番号をセルの中央に配置する。
まずは、出席番号のセルをドラッグして選択します。具体的には、「ここから、ここまで」とセルを選択するために、「ここから」となるセルをクリックします。そのままマウスの左ボタンを押したまま、下に動かしていくと選択されたセルの色が変化していきます。「ここまで」のところで左ボタンを離すと、選択されている色が変化したままとなります。

図表8-10　セルの選択手順

	A	B
1	出席番号	氏名
2	1	浅田　和人
3	2	今井　優子
4	3	内村　一樹
5	4	江川　華
6	5	落合　修也
7	6	加藤　佳美
8	7	岸田　悠
9	8	工藤　美咲
10	9	検見川　裕太
11	10	古賀　凜
12	11	佐藤　淳
13	12	志賀　はるか
14	13	須藤　美紀

図表8-11　「セルの中央に配置」ボタン

次に、リボンの中から［セルの中央に配置］となるボタンを押しましょう。
すると、出席番号がすべて中央に配置されて、読みやすくなったと思います。
では、同様に、項目名（「氏名」から「社会」まで）の行も［中央揃え］にしてみましょう。

手順⑤ 各教科の列の幅を狭くする。

　　列の幅を狭くする方法にはいくつかあります。ポインター（▶）を列番号の間に合わせて左ボタンを押しながら左右に動かすだけで、手動で自在に調整することができます。

　　5教科の列の幅をそろえたい場合は、[ホーム] リボンの [書式]（ⓐ）のなかから [列の幅]（ⓑ）をクリックします。列幅を数値で指定し（ⓒ）、[OK]（ⓓ）をクリックします。それでは、この方法で、5教科のセルを選択して、幅を数値で調整してみましょう。

図表8-12　列の幅の調整例

列幅の数値は、標準的な半角の欧文が入る数です。和文の場合は、その半分になります。行の高さの単位はポイントで、1ポイントは約0.35mmです。

	A	B	C	D	E	F	G
1	出席番号	氏名	国語	算数	英語	理科	社会
2	1	浅田　和人	85	82	90	78	92
3	2	今井　優子	90	78	93	75	88
4	3	内村　一樹	75	70	85	63	83
5	4	江川　華	78	93	80	70	95
6	5	落合　修也	92	90	88	85	92
7	6	加藤　佳美	80	78	83	70	80
8	7	岸田　悠	65	70	60	50	80
9	8	工藤　美咲	83	95	90	82	98
10	9	検見川　裕太	98	93	100	88	98
11	10	古賀　凜	75	60	75	70	90
12	11	佐藤　淳	82	85	80	75	83
13	12	志賀　はるか	80	73	78	68	78
14	13	須藤　美紀	62	90	75	70	92
15	14	瀬川　春樹	78	82	70	85	88
16	15	園田　早希	80	75	82	78	85
17	16	立川　鱗	83	80	95	84	90
18	17	千野　律也	95	98	90	90	100
19	18	津島　友梨香	72	80	75	75	87
20	19	寺田　雄一郎	78	85	70	80	90
21	20	戸田　しおり	85	82	88	73	85

ちゃんとわかったかな？

課題にチャレンジ

＜課題＞

　図表 8-9 のデータに基づいて、クラスの成績一覧表を作成してみましょう。完成したら、印刷して担当教員に提出しましょう。

	A	B	C	D	E	F	G
1	出席番号	氏名	国語	算数	英語	理科	社会
2	1	浅田　和人	85	82	90	78	92
3	2	今井　優子	90	78	93	75	88
4	3	内村　一樹	75	70	85	63	83
5	4	江川　華	78	93	80	70	95

第**9**講

Excelで簡単な 表の作成や関数の利用（2）
──データの並べ替えや関数の利用

理解のポイント

第8講では、Excelの画面をもとに基本的な機能を理解して、利用方法を学習しました。表やグラフが簡単かつきれいに作成できることを理解できたと思います。しかし、Excelの便利な機能はまだまだあります。本講では、「並べ替え」という機能を使って、データを並べ替えて整理をしたり、「関数」という機能で簡単な計算を試みたりしてみましょう。

1 「並べ替え」機能を使って、データをいろいろ並べ替えてみよう

[たとえば] 来週から家庭訪問が始まります。期間が限られているので、なるべく効率的に巡回したい。できるだけ、住所が近いところをまとめて訪問したいんだけど……。

それでは、第8講の**図表8-5**の「クラス名簿」を以下の通りに作成し、住所を並べ替えて、同じ町名がいくつくらいあるか調べてみましょう。

図表9-1 「クラス名簿」の例

	A	B	C	D	E	F
1	出席番号	氏名	性別	郵便番号	住所	電話番号
2	1	浅田　和人	男	598-0099	大阪市鶴岡区今井北3-1	0699-82-1041
3	2	今井　優子	女	598-0097	大阪市鶴岡区米田5-3-302	0699-83-5242
4	3	内村　一樹	男	598-0097	大阪市鶴岡区米田2-1	0699-83-9247
5	4	江川　華	女	598-0099	大阪市鶴岡区今井北43-2	0699-82-6320
6	5	落合　修也	男	598-0097	大阪市鶴岡区米田旭町12-5	0699-83-4888
7	6	加藤　佳美	女	598-0097	大阪市鶴岡区米田8-7	0699-83-9276
8	7	岸田　悠	男	598-0099	大阪市鶴岡区今井新町2-5	0699-82-9735
9	8	工藤　美咲	女	598-0099	大阪市鶴岡区今井赤坂3-4	0699-82-8135
10	9	検見川　裕太	男	598-0097	大阪市鶴岡区米田5-4	0699-83-2948
11	10	古賀　凜	女	598-0099	大阪市鶴岡区今井新町15-1	0699-82-5732
12	11	佐藤　淳	男	598-0097	大阪市鶴岡区米田1-1-102	0699-83-2549
13	12	志賀　はるか	女	598-0099	大阪市鶴岡区今井北6-3	0699-82-7100
14	13	須藤　美紀	男	598-0099	大阪市鶴岡区今井赤坂12-25	0699-82-4723
15	14	瀬川　春樹	女	598-0099	大阪市鶴岡区今井北4-7	0699-82-5969
16	15	園田　早希	男	598-0097	大阪市鶴岡区米田5-3-401	0699-83-2485
17	16	立川　瞬	男	598-0097	大阪市鶴岡区米田旭町4-8	0699-83-6399
18	17	千野　律也	男	598-0099	大阪市鶴岡区今井西町10-1	0699-82-1085
19	18	津島　友梨香	女	598-0097	大阪市鶴岡区米田5-1-203	0699-83-4631
20	19	寺田　雄一郎	男	598-0097	大阪市鶴岡区米田5-2-207	0699-83-0198
21	20	戸田　しおり	女	598-0099	大阪市鶴岡区今井新町2-10	0699-82-9525

現在は、プライバシー保護のため、クラス名簿を生徒に配布しない学校も多いようです。

このデータは、以降の学習にも使用しますので、必ず保存をしてください。

手順❶ 関連するすべての行・列を選択します。

図表9-2　行・列の選択例

	A	B	C	D	E	F	G
1	出席番号	氏名	性別	郵便番号	住所	電話番号	
2	1	浅田　和人	男	598-0099	大阪市鶴岡区今井北3-1	0699-82-1041	
3	2	今井　優子	女	598-0097	大阪市鶴岡区米田5-3-302	0699-83-5242	
4	3	内村　一樹	男	598-0097	大阪市鶴岡区米田2-1	0699-83-9247	
5	4	江川　華	女	598-0099	大阪市鶴岡区今井北43-2	0699-82-6320	
6	5	落合　修也	男	598-0097	大阪市鶴岡区米田旭町12-5	0699-83-4888	
7	6	加藤　佳美	女	598-0097	大阪市鶴岡区米田8-7	0699-83-9276	
8	7	岸田　悠	男	598-0099	大阪市鶴岡区今井新町2-5	0699-82-9735	
9	8	工藤　美咲	女	598-0099	大阪市鶴岡区今井赤坂3-4	0699-82-8135	
10	9	検見川　裕太	男	598-0097	大阪市鶴岡区米田5-4	0699-83-2948	
11	10	古賀　凜	女	598-0099	大阪市鶴岡区今井新町15-1	0699-82-5732	
12	11	佐藤　淳	男	598-0097	大阪市鶴岡区米田1-1-102	0699-83-2549	
13	12	志賀　はるか	女	598-0099	大阪市鶴岡区今井北6-3	0699-82-7100	
14	13	須藤　美紀	男	598-0099	大阪市鶴岡区今井赤坂12-25	0699-82-4723	
15	14	瀬川　春樹	女	598-0099	大阪市鶴岡区今井北4-7	0699-82-5969	
16	15	園田　早希	男	598-0097	大阪市鶴岡区米田5-3-401	0699-83-2485	
17	16	立川　瞳	女	598-0097	大阪市鶴岡区米田旭町4-8	0699-83-6399	
18	17	千野　律也	男	598-0099	大阪市鶴岡区今井西町10-1	0699-82-1085	
19	18	津島　友梨音	女	598-0097	大阪市鶴岡区米田5-1-203	0699-83-4631	

「並べ替え」機能は、ほかにもさまざまな場面で有用ですので、ぜひ使い方を覚えておきましょう。

手順❷ [ホーム] リボンの [並べ替えとフィルター] を選択し、[ユーザー設定の並べ替え] をクリックすると [並べ替え] のウィンドウが出てきます（[データ] リボンの [並べ替え] ボタンでも同じです）。

図表9-3　「並べ替え」機能の操作例

図表9-4　並べ替えの結果例

	A	B	C	D	E	F
1	出席番号	氏名	性別	郵便番号	住所	電話番号
2	13	須藤　美紀	男	598-0099	大阪市鶴岡区今井赤坂12-25	0699-82-4723
3	8	工藤　美咲	女	598-0099	大阪市鶴岡区今井赤坂3-4	0699-82-8135
4	1	浅田　和人	男	598-0099	大阪市鶴岡区今井北3-1	0699-82-1041
5	4	江川　華	女	598-0099	大阪市鶴岡区今井北43-2	0699-82-6320
6	14	瀬川　春樹	女	598-0099	大阪市鶴岡区今井北4-7	0699-82-5969
7	12	志賀　はるか	女	598-0099	大阪市鶴岡区今井北6-3	0699-82-7100
8	10	古賀　凜	女	598-0099	大阪市鶴岡区今井新町15-1	0699-82-5732
9	20	戸田　しおり	女	598-0099	大阪市鶴岡区今井新町2-10	0699-82-9525
10	7	岸田　悠	男	598-0099	大阪市鶴岡区今井新町2-5	0699-82-9735
11	17	千野　律也	男	598-0099	大阪市鶴岡区今井西町10-1	0699-82-1085
12	11	佐藤　淳	男	598-0097	大阪市鶴岡区米田1-1-102	0699-83-2549
13	3	内村　一樹	男	598-0097	大阪市鶴岡区米田2-1	0699-83-9247
14	18	津島　友梨音	女	598-0097	大阪市鶴岡区米田5-1-203	0699-83-4631
15	19	寺田　雄一郎	男	598-0097	大阪市鶴岡区米田5-2-207	0699-83-0198
16	2	今井　優子	女	598-0097	大阪市鶴岡区米田5-3-302	0699-83-5242
17	15	園田　早希	男	598-0097	大阪市鶴岡区米田5-3-401	0699-83-2485
18	9	検見川　裕太	男	598-0097	大阪市鶴岡区米田5-4	0699-83-2948
19	6	加藤　佳美	女	598-0097	大阪市鶴岡区米田8-7	0699-83-9276
20	5	落合　修也	男	598-0097	大阪市鶴岡区米田旭町12-5	0699-83-4888
21	16	立川　瞳	女	598-0097	大阪市鶴岡区米田旭町4-8	0699-83-6399

手順❸ [最優先されるキー] の右の [∨] を選択すると、「氏名」「住所」など、データの項目が表示されます。「住所」を選択して右下の [OK] ボタンを押すと、住所別に並べ替えて表示されます。

第9講　Excelで簡単な表の作成や関数の利用(2)——データの並べ替えや関数の利用

これで「住所」の近い生徒がわかりましたね。さらに、家庭訪問の際、男子用と女子用と異なる資料を配布する必要があるとしましょう。1日に5件ずつリストの上から順番に訪問するとすれば、各日何部ずつ資料を持参すればよいでしょうか。すぐにチェックできますね。

2 複数の「並べ替え」機能を使って、データをいろいろ整理してみよう

今度は、アイウエオ順で作成された名簿について、複数の並べ替え機能を使ってデータをいろいろな形で整理してみましょう。たとえば、「性別」と「郵便番号」を使って男女別に住所が比較的近い生徒が何人いるか探ることができますね。

手順❶先ほど同様に、関連するすべての行・列を選択します。

図表9-5　行・列の選択例

	A	B	C	D	E	F	G
1	出席番号	氏名	性別	郵便番号	住所	電話番号	
2	1	浅田　和人	男	598-0099	大阪市鶴岡区今井北3-1	0699-82-1041	
3	2	今井　優子	女	598-0097	大阪市鶴岡区米田5-3-302	0699-83-5242	
4	3	内村　一樹	男	598-0097	大阪市鶴岡区米田2-1	0699-83-9247	
5	4	江川　華	女	598-0099	大阪市鶴岡区今井北43-2	0699-82-6320	
6	5	落合　修也	男	598-0097	大阪市鶴岡区米田旭町12-5	0699-83-4888	
7	6	加藤　佳美	女	598-0097	大阪市鶴岡区米田8-7	0699-83-9276	
8	7	岸田　悠	男	598-0097	大阪市鶴岡区今井新町2-5	0699-82-9735	
9	8	工藤　美咲	女	598-0099	大阪市鶴岡区今井赤坂3-4	0699-82-8135	
10	9	検見川　裕太	男	598-0097	大阪市鶴岡区米田5-4	0699-83-2948	
11	10	古賀　凛	女	598-0099	大阪市鶴岡区今井新町15-1	0699-82-5732	
12	11	佐藤　淳	男	598-0097	大阪市鶴岡区米田1-1-102	0699-83-2549	
13	12	志賀　はるか	女	598-0099	大阪市鶴岡区今井北6-3	0699-82-7100	
14	13	須藤　美紀	男	598-0099	大阪市鶴岡区今井赤坂12-25	0699-82-4723	
15	14	瀬川　春樹	女	598-0099	大阪市鶴岡区今井北4-7	0699-82-5969	
16	15	園田　早希	男	598-0097	大阪市鶴岡区米田5-3-401		

手順❷メニュー［データ］から［並べ替え］を選択します。

図表9-6　［並べ替え］機能の操作例

↑まず、「性別」を選択します。次に、［レベルの追加］ボタンを選択すると、［次に優先されるキー］という項目が表示されますので、「郵便番号」を選んでみましょう。そこで、右下の［OK］ボタンを押してみましょう。

3 「関数」の機能を使ってみよう

Excelの優れた機能の一つに「関数」があります。これは、たとえば、数字データであれば、合計や平均値を計算したり、文字データであれば、特定の言葉がいくつあるかを数えたりすることなどができます。その他にも、高度な統計処理データを作成することなどもできます。

この項では、まず、簡単な計算からチャレンジしてみましょう。

それでは、第8講の**図表8-9**の成績一覧表をもとに、関数機能の使い方について説明します。

図表9-7　成績一覧表の例

	A	B	C	D	E	F	G	H
1	出席番号	氏名	国語	算数	英語	理科	社会	合計点
2	1	浅田　和人	85	82	90	78	92	
3	2	今井　優子	90	78	93	75	88	
4	3	内村　一樹	75	70	85	63	83	
5	4	江川　華	78	93	80	70	95	
6	5	落合　修也	92	90	88	85	92	
7	6	加藤　佳美	80	78	83	70	80	
8	7	岸田　悠	65	70	60	50	80	
9	8	工藤　美咲	83	95	90	82	98	
10	9	検見川　裕太	98	93	100	88	98	
11	10	古賀　凛	75	60	75	70	90	
12	11	佐藤　淳	82	85	80	75	83	
13	12	志賀　はるか	80	73	78	68	78	
14	13	須藤　美紀	62	90	75	70	92	
15	14	瀬川　春樹	78	82	70	85	88	
16	15	園田　早希	80	75	82	78	85	
17	16	立川　瞬	83	80	95	84	90	
18	17	千野　律也	95	98	90	90	100	
19	18	津島　友梨香	72	80	75	75	87	
20	19	寺田　雄一郎	78	85	70	80	90	
21	20	戸田　しおり	85	82	88	73	85	
22		教科別平均点						

個人別に5教科の合計点を、関数機能を使って計算してみましょう。

手順❶合計点の計算結果を示したいセルをクリックし、アクティブセルの状態にします。

図表9-8　セルのクリック例（アクティブセル）

1	出席番号	氏名	国語	算数	英語	理科	社会	合計点
2	1	浅田　和人	85	82	90	78	92	
3	2	今井　優子	90	78	93	75	88	
4	3	内村　一樹	75	70	85	63	83	

先生に指定された表を作成するだけでなく、自分自身で「こんな表があると便利だな」とイメージを思い描くことも、利用上達にとって大切です。「合計点」や「平均点」はどこに表示されるとわかりやすいでしょうか?

61

手順❷ 入力文字が「半角英数」になっていることを確認して、「＝」に続けて関数記号を入力します（ここでは、「合計を求める」なので、「＝ SUM」と入力します）。

図表9-9　関数の入力例

	A	B	C	D	E	F	G	H
1	出席番号	氏名	国語	算数	英語	理科	社会	合計点
2	1	浅田　和人	85	82	90	78	92	=SUM()

手順❸ 次に、合計を求めるセルの範囲を指定します。関数の後に（　）カッコを打ち、なかにカーソルを入れて点滅させてから、範囲を入力します。入力方法がいくつかありますので、以下に紹介します。

（1）セルの指定範囲の「始まり」から「終わり」までをドラッグする方法

図表9-10　セルのドラッグ例

	A	B	C	D	E	F	G	H
1	出席番号	氏名	国語	算数	英語	理科	社会	合計点
2	1	浅田　和人	85	82	90	78	92	=SUM(C2:G2)

　　　　　　　　　　　　　　　　　ドラッグの始まり　　　　ドラッグの終わり

（2）数式バーに直接入力する方法

図表9-11　関数の入力例（数式バー）

H2		× ✓ *fx*	=SUM(C2:G2)

	A	B	C	D	E	F	G	H
1	出席番号	氏名	国語	算数	英語	理科	社会	合計点
2	1	浅田　和人	85	82	90	78	92	427
3	2	今井　優子	90	78	93	75	88	

この場合C-2からG-2までのセルの合計点を出したいので、
=SUM（C2 : G2 ）
指定範囲の始まり　　　指定範囲の終わり

というルールで数式バーに直接入力しても、計算することが可能です。
上記のいずれかの方法で範囲を指定した後、[Enter] キーを押します。

　さらに、他の生徒の合計点も同様の方法で算出したいときには、とても便利な方法があります。まず、数式を入力したセルを、コピー（Ctrl+C）して、他の生徒の合計点を表示するセルをドラッグで範囲指定をして、貼り付け（Ctrl+V）をすると、同じ計算ルールで各生徒の合計点が算出表示されます。

図表9-12　セルのコピー手順例

①数式を入力した
　後のセルをコピー

D	E	F	G	H
算数	英語	理科	社会	合計点
82	90	78	92	427
78	93	75	88	
70	85	63	83	

②他の合計点セル
　を範囲指定

F	G	H
理科	社会	合計点
78	92	427
75	88	
63	83	
70	95	
85	92	

③貼り付けをする
　と算出結果が

F	G	H
理科	社会	合計点
78	92	427
75	88	424
63	83	376
70	95	416
85	92	447

コピー＆貼り付け機能も、Excelを効率よく使っていく上で大切です。ただし、どんな計算ルールをコピーしているのかを確認するように気をつけましょう。また、データの範囲指定が自動的にずらされてしまうこともあります。必ず確認してください。

データの指定範囲は、正しいですか？よく確認して利用するようにしましょう。

次に、教科別の平均点を、同様に関数機能を使って計算してみましょう。

手順❶ 平均点の計算結果を示したいセルをクリックして、アクティブセルの状態にします。

図表9-13　セルのクリック例

| 21 | 20 | 戸田　しおり | 85 | 82 | 88 | 73 | 85 | 413 |
| 22 | | 教科別平均点 | | | | | | |

手順❷ 入力文字が「半角英数」になっていることを確認して、「＝」に続けて関数記号を入力します（ここでは、「平均を求める」なので、「=AVERAGE」と入力します）。

手順❸ 次に、合計を求めるセルの範囲を指定します。関数の後に（　）カッコを打ち、範囲を入力します。合計点のときと同様、入力方法はいくつかありますが、ここでは左ページ（1）の計算範囲をドラッグする方法を用います。
範囲を指定した後、[Enter] キーを押すと平均点の算出結果が示されます。

図表9-14　関数の入力例

| 21 | 20 | 戸田　しおり | 85 | 82 | 88 | 73 | 85 | 413 |
| 22 | | 教科別平均点 | =AVERAGE(C2:C21) | | | | | |

手順❹ また、合計点算出のときと同様に、関数計算後のセルをコピーして、横方向に範囲指定を行って貼り付けをすると、同じ計算ルールに基づいて結果が表示されますから、各教科の平均点が一度に計算表示されます。

図表9-15　セルのコピーの指定

| 21 | 20 | 戸田　しおり | 85 | 82 | 88 | 73 | 85 | 413 |
| 22 | | 教科別平均点 | 80.8 | | | | | |

図表9-16　セルのコピー例

| 21 | 20 | 戸田　しおり | 85 | 82 | 88 | 73 | 85 | 413 |
| 22 | | 教科別平均点 | 80.8 | 82.0 | 82.4 | 75.5 | 88.7 | 409.3 |

このように、Excelの関数機能を使うことにより、簡単かつ正確にデータ処理ができます。学校現場では、出席状況やテストの成績、通知表やアンケート調査の結果など、さまざまなデータを校務で扱うことになりますから、ぜひ、「試しながら学ぶ」方法で習得をめざしてください。

第9講
Excelで簡単な表の作成や関数の利用(2) —— データの並べ替えや関数の利用

ちゃんとわかったかな？

課題にチャレンジ

<課題>

上記の関数機能を利用して、**図表9-7**のデータに基づき、クラスの教科別平均点と個人別合計点、全教科合計の平均点をすべて埋めて一覧表を作成してみましょう。

1	出席番号	氏名	国語	算数	英語	理科	社会	合計点
2	1	浅田　和人	85	82	90	78	92	
3	2	今井　優子	90	78	93	75	88	
21	20	戸田　しおり	85	82	88	73	85	
22		教科別平均点						

PowerPoint で カレンダーづくり

理解のポイント

情報化時代を迎え、学校では授業の成果、ビジネスでは商品の紹介などさまざまな場面でプレゼンテーション能力が必要になってきました。
そこで本講では、コンピュータを使用したプレゼンテーションの基礎となるプレゼンテーションソフトウェアの使い方を習得します。

1 PowerPointの機能と基本画面の説明

PowerPointでは、1枚のスライドでポスターや案内、複数のスライドでプレゼンテーションなどが作成できます。

図表10-1　PowerPointの画面構成

❶タイトルバー：保存するファイル名やソフトウエア名が表示
❷タブ：[挿入]や[デザイン]をクリックすると、それぞれのリボンが表示
❸リボン：タブごとにリボンが設定され、目的のボタンが表示
❹スライドのサムネイル：スライドの縮小版が表示
❺アウトラインペイン：スライドの順序を変更などできる
❻プレースホルダ：文字や写真、グラフなどを挿入する領域
❼スライドの内容に関するメモ（プレゼン用の読み原稿など）を入力
❽左：「標準」と右：「一覧」を切り替え
❾スライダーをドラッグして画面表示サイズを調整

2 ファイルの保存、ファイルを開く

図表10-2　ファイルの保存手順

手順❶[ファイル]→[名前を付けて保存]をクリックします。
手順❷保存する場所を指定して、ファイル名を入力し、[保存]をクリックします。

図表10-3　ファイルを開く手順

手順❶[開く]をクリックします。
手順❷ファイルの保存場所を指定して、ファイル名を選択して、[開く]をクリックします。

3 文字の挿入

図表10-4　スライドの選択画面例

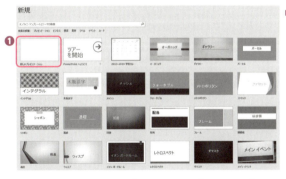

手順❶PowerPointを起動して、テンプレート一覧から、[新しいプレゼンテーション]をクリックして、スライドを開きます。

手順❷[タイトルを入力]をクリックして、たとえば「1年3組カレンダー」と入力してみましょう。

手順❸❹入力した文字をドラッグして、フォントの種類を変更します。ここでは、「HG丸ゴシックM-PRO」を選びます。フォントサイズはそのままです。

手順❺[サブタイトルを入力]の枠は、ここでは使用しませんので、枠線の上を右クリックして、[切り取り]を選択し、削除します。

図表10-5　文字の入力例

図表10-6　フォントの種類変更例

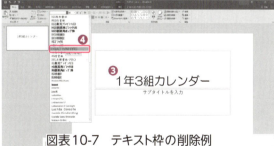

図表10-7　テキスト枠の削除例

4 表の作成

図表10-8　表の作成例

⑥

手順⑥ [挿入]タブをクリックして、リボン[表]で、6行×7列までドラッグ、表を作成します。

図表10-9　表（カレンダー）の作成例

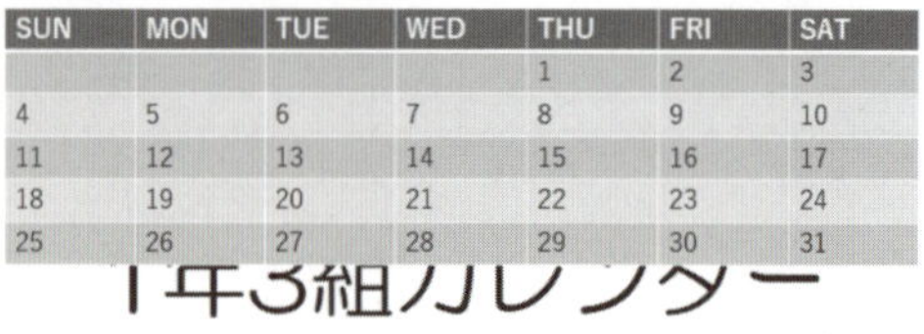

SUN	MON	TUE	WED	THU	FRI	SAT
				1	2	3
4	5	6	7	8	9	10
11	12	13	14	15	16	17
18	19	20	21	22	23	24
25	26	27	28	29	30	31

1年3組カレンダー

↑文字を入力して、2020年8月のカレンダーを作成してみましょう。

図表10-11　カレンダーの配置例

1年3組カレンダー

↑カレンダーを適当な位置に配置します。

図表10-10　テキストの色変更例

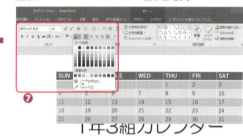

⑦

1年3組カレンダー

手順⑦ カレンダーで色を変更したい部分をドラッグして範囲を選択します。[ホーム]タブのリボン[フォント]で色を変更します。ここでは、日曜日の日付を黒から赤に変更しました。

写真やイラストは、他者の著作物としての権利を尊重して利用します。リンクされているライセンスなどをよく読みましょう。

5 画像・図形の挿入

図表10-12　カレンダーの配置例

⑧　⑨

手順⑧⑨画像の挿入
[挿入]タブのリボン[画像]から[オンライン画像]をクリックして、イメージ検索の枠に、「夏」など検索したいキーワードを入力します。

↓検索結果の写真やイラストが一覧表示されます。ここでは、画像は挿入しません。

図表10-13　図形の挿入例

手順⑩⑪図形の挿入
　[挿入]タブのリボン[図]から[図形]をクリックして、[吹き出し]より適当な吹き出しを選択します。ここでは、吹き出し：円形を選びます。すると、マウスカーソルの形状が「+」になります。

図表10-14　図形へのテキスト入力例

←カレンダーの3日と10日の右横辺りで、ドラッグして吹き出しを適当な大きさに配置します。

手順⑫配置した吹き出しの上で右クリックして、表示されるメニューの[テキストの編集]をクリック、吹き出しの枠の中に 「プール開放3日から10日まで」と入力します。

→吹き出しをいくつか配置して、右のようなイメージを作成しましょう。

図表10-15　吹き出しの配置例

6　カレンダーへの仕上げ

　カレンダーとしての見た目をよくするために、PowerPointのいくつかの機能を活用して、仕上げていきます。

図表10-16　デザインの変更例

全体のデザインを修正する
手順⑬[デザイン]タブのリボン[テーマ]より、カレンダーのデザインに適したものを選択します。ここでは、「オーガニック」を選びました。

カレンダーを作成
する最初に、デザ
インを決めるのも
いいでしょう。

図表10-17　文字の飾り付け例

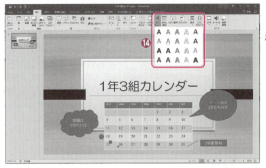

ワードアートで文字に飾りつけ
手順⑭ [挿入]タブのリボン[テキスト]より、[ワードアート]の適当なデザインを選択します。

図表10-18　文字の配置例

← [ここに文字を入力] と表示されますので、「2020年8月夏休み」と入力して、上段に配置します。

図表10-19　文字の変形例

ワードアートで入力した文字を変形します。「2020年8月夏休み」の文字の上でクリックすると、メニューバーに[書式]タブが表示されます。
手順⑮ リボン[ワードアートのスタイル]より、[文字の効果]をクリックして、[変形]より適当なものを選びます。ここでは、[アーチ：下向き] を選びました。

図表10-20　ペンの選択例

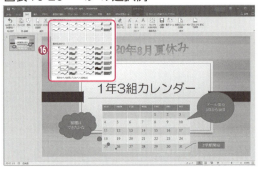

最後に、ペンでアクセントを付けます。
手順⑯ [タッチ]タブのリボン[手書き]より、ペンの種類を選びます。

図表10-21　ペンを使った記入例

カレンダーの完成です!

←選択したペンでカレンダーの四隅に落書きしてみましょう。

ちゃんとわかったかな?

課題にチャレンジ

<課題>

以下のようなカレンダーを作成して、担当教員に提出します。

1. [デザイン]タブのリボン[テーマ]より、ギャラリーを選択
2. [挿入]タブのリボン[表]より、7月のカレンダーを作成
   25日に[吹き出し：角を丸めた四角形]を選択して、テキスト編集で「夏休みスタート」と入力する
3. ワードアートの文字列を「1年3組の夏休み」に変更
   [変形]をアーチにする
4. 中央の文字列「1年3組カレンダー」を「2020年8月」に変更
   文字「8」だけはフォントサイズを大きくする
5. [タッチ]タブのリボン[手書き]でカレンダーの四隅に落書きする

課題の提出が、印刷かファイルかは、担当教員に確認しましょう。

映像作品を組み合わせた マルチメディア作品の作成

理解のポイント

本講では、「NHKクリエイティブ・ライブラリー」のコンテンツを活用してマルチメディア作品の作成を学びます。その中にある「グリーティング動画」を活用して映像作品を制作します。提供される素材を組み合わせることが中心の活動となりますが、映像を選択したり、並び替えたり、テロップ等の効果を加えたりすることでも個性が発揮される活動となります。

1 「NHKクリエイティブ・ライブラリー」とは

　「NHKクリエイティブ・ライブラリー」は、インターネットを通じて、NHKアーカイブスの番組や番組素材から切り出した映像や音声を表現・創作活動に関する「創作用素材」として提供している無料のサービスです。「生きもの」「日本や世界の風景」「地球・環境」等の映像素材、作品づくりの効果を高めるためのオリジナルの音楽素材や効果音素材も含めて約5,300本が提供されています。

　それらの素材をダウンロードして編集したり、自分で撮影した映像や写真の素材などと組み合わせたりして自分の作品を生み出すことが可能です。創作用素材の利用にあたっては、非営利目的、著作者名表示等の利用規約の遵守が求められます。

映像や写真を組み合わせた編集については第12講で扱います。

図表11-1　「NHKクリエイティブ・ライブラリー」

http://www1.nhk.or.jp/archives/creative/

2 「NHKクリエイティブ・ライブラリー」を活用したマルチメディア作品の作成

「NHKクリエイティブ・ライブラリー」のコンテンツである「グリーティング動画」を活用して映像作品を制作します。「グリーティング動画」とは、誕生日のお祝い、年賀状、暑中見舞いといった挨拶を動画で作成できるものです。あらかじめ用意されたテンプレートを選択し、カット・スタンプ・文字の入れ替えやBGM選択をして動画を作成し、投稿もしくは保存するというのが一連の流れです。作成した動画のデータを保存してメール等で送信すると、「NHKクリエイティブ・ライブラリー」のホームページ上でその内容を再生できます。

まず、「NHKクリエイティブ・ライブラリー」のホームページから「グリーティング動画」のリンクを探し、クリックします。

図表11-2　「グリーティング動画」

「グリーティング動画」のページにある「さっそく動画をつくってみよう！」（❶）をクリックします。

図表11-3　「グリーティング動画」

❶

「セット選択」の画面になるので、テンプレートを選択します（❷）。

図表11-4　セットの選択

　動画の編集画面になるので、「動画」の順序を変える場合は、左側のマーク（❸）をクリックします。動画を変更したり、スタンプを加えたりする場合は右側のマーク（❹）をクリックします。

図表11-5　動画の編集画面

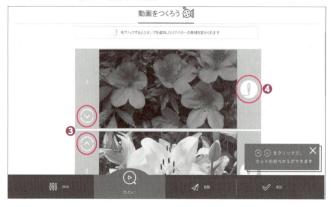

　右側のマーク（❹）をクリックすると以下の画面になります。スタンプ（❺）を選択すると動画にテロップを挿入することができます。

図表11-6　スタンプの選択

挿入するスタンプを換えるだけでも、作品の印象は大きく変わります。

テキストタブ（**⑥**）では、自分で文字を入力することができます。「カット変更」（**⑦**）をクリックすると、動画を差し替えることができます。

図表11-7　テキストの入力

　選択後、「決定」（**⑧**）をクリックします。

図表11-8　動画の差し替え

　スタンプを加えた差し替えが反映されます。基本のカットは4つですが、「カットを追加」（**⑨**）から映像を増やすことが可能です。

図表11-9　カットの追加

作品ができ上がったら、「プレビュー」（⑩）で確認します。問題がなければ、「保存」（⑪）をクリックします。

図表11-10　プレビューと保存

　「作品タイトル」と「ニックネーム」（⑫）が求められますので、入力して「保存する」（⑬）をクリックします。

図表11-11　作品のタイトル

　ファイルの保存が求められますので「保存」（⑭）をクリックします。

図表11-12　ファイルの保存

　保存したファイルは、「NHKクリエイティブ・ライブラリー」のホームページ上で再生することができます。「作品を再生する」（⑮）をクリックします。

図表11-13　作品の再生

保存したファイルをメールに添付して送信すると、遠方の友人にも見てもらうことができます。

「参照」（⑯）をクリックして、保存したファイルを読み込みます。ファイルが読み込まれると動画を再生する（⑰）ことができます。

図表11-14　ファイルの読み込み

図表11-15　再生

3　おわりに

　本講では、「NHKクリエイティブ・ライブラリー」の「グリーティング動画」を活用したマルチメディア作品の制作に取り組みました。動画の組み合わせ方やテロップの入れ方によってメッセージがより伝わったり伝わらなかったりします。映像のもつ効果や編集のしかたによる表現の差異を理解することは「メディア・リテラシー」の一つの側面を身につけることにつながるのです。

ちゃんとわかったかな？

課題にチャレンジ

＜課題＞

　「NHKクリエイティブ・ライブラリー」の「グリーティング動画」を用いて制作した作品を、担当教員に提出しましょう。

デジカメ写真やWebカメラでの ビデオを組み合わせた マルチメディア作品の作成

理解のポイント

本講では、マルチメディア作品としてインターネットの動画編集サイトを利用してムービーを作成します。写真や動画を組み合わせるだけで簡単にインパクトのあるムービーを作成することができます。作成したムービーをインターネット上で公開するための方法も最後に確認します。

1 ムービーを作成する

　本講では、マルチメディア作品としてムービーの作成を学びます。ムービーといっても、本格的な映画ではなく、写真や動画をつないで仕上げていくものです。作成されたムービーは、学校や園の行事、職員の研修などいろいろな場面で効果的に活用することができます。

　たとえば、学校や園では、運動会や学習発表会など、さまざまな行事が行われています。事前の準備や当日の子どもたちのがんばりを写真や動画で記録しておくと、事後の振り返りで活用できるムービーが作成できます。ただ単に振り返るよりも、ムービーがあることでより感動的な振り返りの場に変えることができます。それらを保護者や地域の人たちにも見てもらう機会を設けることができれば、子どもたちの成長を実感してもらう大きなチャンスとなります。これは教師も同じで、実践の記録をもとに作成したムービーを校内研修や教員研修で用いることで、教師としての学びを相互に自覚できる機会につながります。

　ムービーの作成にあたっては、市販の動画編集ソフトが高機能であるため、多様な編集が可能ですが、高度な映像作品の制作でなければ、実際にそこまでの機能は必要ありません。本講では、大学等でソフトのインストールが制限されている場合を想定して、インターネットの動画編集サイトでムービーの作成を行う方法を学んでいきます。

ムービーを作成できると、さまざまな場面で応用できますね。

2 インターネットを活用した動画編集

　インターネットの動画編集サイトは国内外で複数存在しています。本講

では、世界最大の動画編集サイトである「WeVideo」を利用したムービー作成を紹介します（https://www.wevideo.com/）。アメリカのサービスであるため、表記は英語となっていますが、使い方は簡単です。

WeVideoを利用するにあたっては利用登録が必要です。GoogleやFacebookのアカウントがあると簡単に登録できます。また、あらかじめムービー作成に用いる写真や動画をPCに保存しておいてください。

最初に、WeVideoのサイトにアクセスして登録を行ってください。GoogleやFacebookのアカウントがない場合は、「名（First name）」（**1**）、「姓（Last name）」（**2**）、「メールアドレス（Your email）」（**3**）、「パスワード（Create a password）」（**4**）を入力します。

図表12-1 「WeVideo」

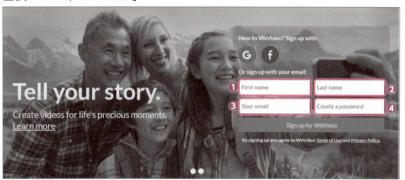

https://www.wevideo.com/

ログインが完了するとプランの選択画面となりますので、フリーのプランを選択（**5**）してください。

図表12-2 プランの選択画面

図表12-3 利用目的の選択画面

右の画面に移りますので、「School」（**6**）をクリックし、「Student」（**7**）をタブから選択します。「Higher Education」（**8**）を選択し、最後に「Submit」（**9**）をクリックします。

チュートリアルの案内が出ますが、パスして（⓾）進んでください。

図表12-4　チュートリアルの案内

新しくプロジェクトを開始します（⓫をクリック）。⓬をクリックして、ムービーの素材をアップロードします。

図表12-5　新規作成

図表12-6　素材のアップロード

「ファイルのアップロード」から写真を選択します。［Ctrl］を押しながらクリックすると複数選択できます。終了後、［開く］（⓭）をクリックします。

図表12-7　写真の選択

写真がアップロードされますので、使う順番に［Video1］にドラッグします（⑭）。

図表12-8　写真の編集

上部のタブ（⑮）の切り替えで音楽（⑯）やグラフィック、テキスト（日本語フォントに対応していないので英語のみ）なども追加できます。

図表12-9　音楽の選択画面

図表12-10　グラフィックの選択画面

写真などを削除したい場合は、上にドラッグしていく（⑰）とゴミ箱が表示されるのでそこにドラッグします。

図表12-11　写真などの削除

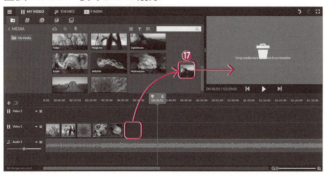

ムービーを確認して（⑱）問題がなければ、[FINISH]（⑲）をクリックします。

図表12-12　ムービーの確認

　フリープランでは解像度は［480p］しか選べませんので、[FINISH]（⑳）をクリックします。

図表12-13　画質の選択

ムービーの公開については、担当教員と相談しましょう。

　ムービーが完成するまで待ちます。終了後、ダウンロード（㉑）も可能です。また、でき上がったムービーを公開することも可能です。改めて[FINISH]（㉒）をクリックすると先ほどと同じ画面（上図）が出てきます。

図表12-14　ムービーの完成

図表12-15　アカウントの連動

　図表12-13の画面の右下（右図）には、YouTubeやFacebookなどのアイコン

があります。これをクリックするとアカウントの連動が求められます。アカウントを連動させると先ほど作成したムービーをYouTube上などで視聴することもできます。

　ここで留意すべきは、公開設定です。誰でも視聴してもらうべき内容なのか、限られた人しか視聴できないものかを判断した上で、設定を誤らないようにしましょう。

3　おわりに

　本講では、WeVideoを用いたムービー作成に取り組みました。WeVideoは高度な動画編集ツールですので、ここで紹介した以外にもさまざまなことができます。それらを活かしながらより工夫したムービー作成に取り組んでみましょう。

ちゃんとわかったかな？

課題にチャレンジ

<課題>

　本講のムービー作成手順をよく理解して、WeVideoでムービーを作成し、グループでお互いに作品を紹介しあいましょう。

　ムービーのテーマは、①自己紹介、②学校紹介、③部・サークル紹介のいずれかを選びましょう。

第13講

Wordでクラス便りの作成（1）

プラスワン

「行」と「列」

表の作成や編集をしていると、「行」「列」のどちらが縦の並びでどちらが横の並びを指すのかわからなくなるときがあるが、「行」「列」の漢字の形に注目すると簡単に覚えられる。

行　列

このように、「行」は横の並び、「列」は縦の並びを指す。

理解のポイント

第2、3講に引き続き、校務文書の作成でよく使われるWordの操作を身につけていきます。本講では「クラス便り」でよく使われる「表のつくり方」と「塗りつぶしと罫線の使い方」を練習します。教材作成などでも役に立つ知識・技能です。

1　表のつくり方をマスターしよう

1　表の作成

次の表を実際につくりながら、表の作成や編集の操作を覚えましょう。

図表13-1　サンプルの表（11行×6列）

時間	月曜	火曜	水曜	木曜	金曜
DATE	8	9	10	11	12
	茶の湯体験 漢字テスト		振替授業 6 校時まで		全校朝会
1	算数 円の面積	国語 ようこそ 私達の町へ テスト	算数 円の面積	図工	社会 教科書 6, 7 テスト
2	社会 身分制度	体育 ソフトボール 投げ	外国語	図工	
3	家庭科 茶の湯体験	国語 班で推敲	社会 教科書 3, 4, 5 テスト	社会 産業と交通	
4	国語 構成を 考えよう	算数 円の面積	国語 レポートを 完成させる	国語 レポートを 伝え合う	
昼休み					
5	国語 下書きを 書く	社会 都市のにぎわいと文化	理科	社会 学問	
6			理科	算数 円の面積 テスト	
	当番A	体操服			

図表13-2　表の挿入（2通り）

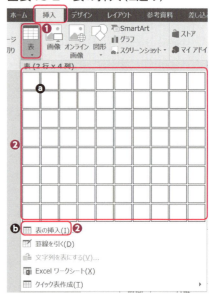

手順❶ [挿入]タブ→[表]。

手順❷ ● 10行×10列までの表：図中ⓐのか所でマウスを動かし、必要な行列を選択してマウスをクリックします。

● 11行以上または11列以上の表：図中ⓑの[表の挿入]をクリックします（今回つくるサンプルはこちら）。

図表13-3　表のサイズの入力

手順❸ 列数と行数を入力します（今回つくるサンプルは 6 列 × 11 行）。

2　フォントや位置の設定

　各セル内の文字を 8pt の大きさにし、位置をセルの上の中央に揃えます。設定ができたら、**図表 13-7** のように文字を入力します。

図表13-4　表全体の選択

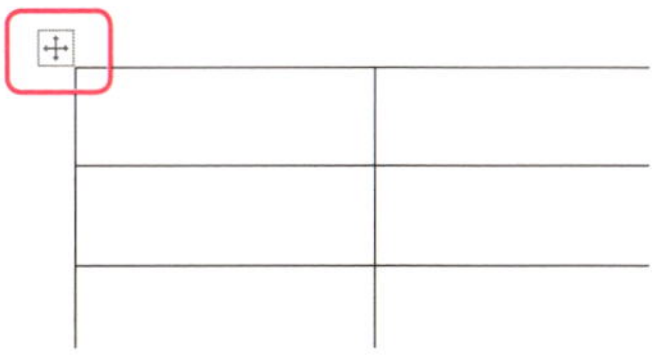

手順❶ 表の左上の十字をクリックします（表全体が選ばれる）。

図表13-5　フォントの選択

MS ゴシック　▼　8　▼

手順❷ [ホーム]タブで、MSゴシック／8ptを選びます。

図表13-6　文字位置の選択

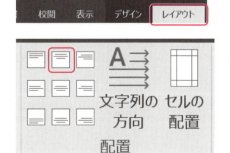

手順❸ [表ツール]の[レイアウト]タブをクリック。[上揃え（中央）]ボタンをクリックします。

✉ プラスワン

セルの設定
表内のセルを選択すると、**図表13-6**の**手順❸**のように[表ツール]の[デザイン]タブと[レイアウト]タブが表示され、そのセルに対してさまざまな設定をすることができる。1つのセルではなく、複数のセルや表全体に対して設定をしたいときは、それらをまとめて選んでから、目的のタブをクリックする。[レイアウト]タブでは、セル内の文字の位置やセル内の文字列の方向（縦書き・横書き）などの設定ができ、[デザイン]タブでは、罫線やセル内の塗りつぶしの設定などができる。

第13講　Wordでクラス便りの作成(1)

図表13-7　文字の入力

時間	月曜	火曜	水曜	木曜	金曜
DATE	8	9	10	11	12
	茶の湯体験 漢字テスト		振替授業 6校時まで		全校朝会
1	算数 円の面積	国語 ようこそ私達の町へ テスト	算数 円の面積	図工	社会 教科書6,7 テスト
2	社会 身分制度	体育 ソフトボール投げ	外国語	図工	
3	家庭科 茶の湯体験	国語 班で推敲	社会 教科書3,4,5 テスト	社会 産業と交通	
4	国語 構成を考えよう	算数 円の面積	国語 レポートを完成させる	国語 レポートを伝え合う	
5	国語 下書きを書く	社会 都市のにぎわいと文化	理科	社会 学問	
6			理科	算数 円の面積 テスト	
	当番A	体操服			

手順❹ 表内に文字を入力します。

83

3 行間の調整

表が縦に長すぎるので、表内の行間を詰めます。

図表13-8　表全体の選択

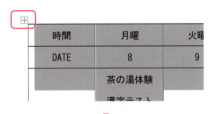

手順❶ 表の左上の十字をクリックします（表全体が選ばれる）。

図表13-9　セル内の行間の変更

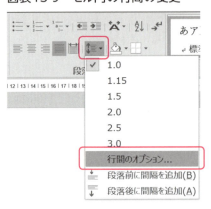

手順❷ [ホーム]タブの[行と段落の間隔]ボタンをクリック。メニューから[行間のオプション]を選択します。

手順❸ [行間]に[固定値]を選択し、[間隔]を9ptにします。

図表13-10　セル内行間の設定

図表13-11　結果

時間	月曜	火曜	水曜	木曜	金曜
DATE	8	9	10	11	12
	茶の湯体験 漢字テスト		振替授業 6校時まで		全校朝会
1	算数 円の面積	国語 ようこそ私達の町へテスト	算数 円の面積	図工	社会 教科書6,7 テスト
2	社会 身分制度	体育 ソフトボール投げ	外国語	図工	
3	家庭科 茶の湯体験	国語 班で推敲	社会 教科書3,4,5 テスト	社会 産業と交通	
4	国語 構成を考えよう	算数 円の面積	国語 レポートを完成させる	国語 レポートを伝え合う	
5	国語 下書きを書く	社会 都市のにぎわいと文化	理科	社会 学問	
6			理科	算数 円の面積 テスト	
	当番A	体操服			

↑指定した行間になり、表の縦幅が減ります。

４　セルの結合

図表13-12　結合したセルの選択

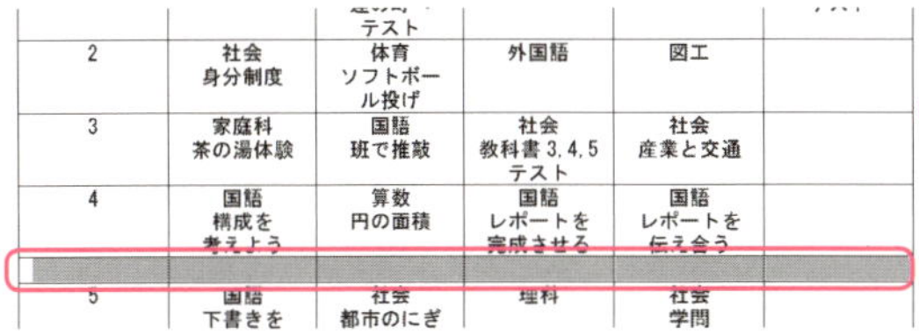

2	社会 身分制度	体育 ソフトボー ル投げ	外国語	図工
3	家庭科 茶の湯体験	国語 班で推敲	社会 教科書3.4.5 テスト	社会 産業と交通
4	国語 構成を 考えよう	算数 円の面積	国語 レポートを 完成させる	国語 レポートを 伝え合う
5	国語 下書きを	社会 都市のにぎ	理科	社会 学問

手順❶結合したいセルを選択し、右クリックします（4時間目と5時間目の間の行）。

図表13-13　セルの結合

手順❷表示されたメニューから[セルの結合]を選択します。

図表13-14　結果と文字の入力

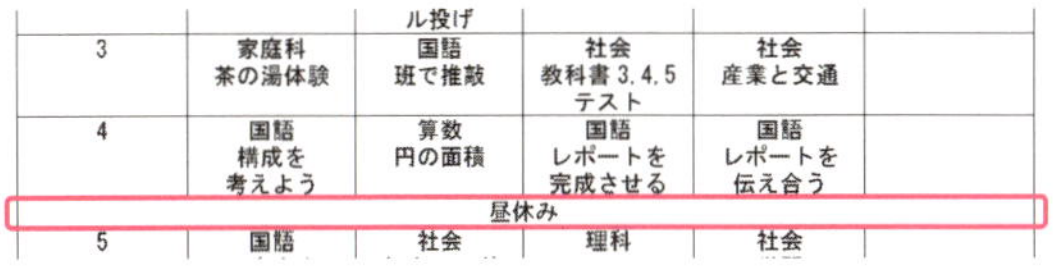

3	家庭科 茶の湯体験	国語 班で推敲	社会 教科書3.4.5 テスト	社会 産業と交通
4	国語 構成を 考えよう	算数 円の面積	国語 レポートを 完成させる	国語 レポートを 伝え合う
昼休み				
5	国語	社会	理科	社会

手順❸結合されたセルに「昼休み」と入力します。

２　塗りつぶしと罫線の使い方

１　塗りつぶし

セルの背景を塗りつぶし、色を変更します。

図表13-15　セルの選択

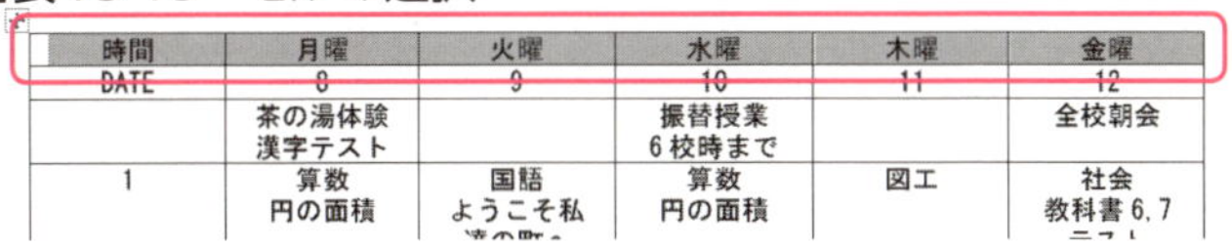

時間	月曜	火曜	水曜	木曜	金曜
DATE	8	9	10	11	12
	茶の湯体験 漢字テスト		振替授業 6校時まで		全校朝会
1	算数 円の面積	国語 ようこそ私 達の町へ	算数 円の面積	図工	社会 教科書6,7 テスト

手順❶先頭行（「時間」～「金曜」のセル）を選択します。

図表13-16　セルの背景色の選択

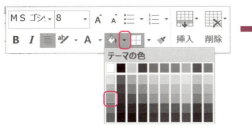

手順❷選択後に表示されたメニューで、[塗りつぶし]ボタンの右の[▼]をクリック。グレーを選択します。

図表13-17　セルの文字色の選択

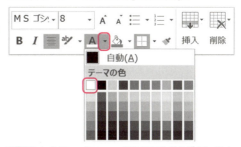

手順❸さらに、メニューの[文字の色]ボタンの右の[▼]をクリック。白を選択します。

同様に、お昼休みのセルの背景を塗りつぶし、文字の色を変更します。

プラスワン

セルの分割

セルを複数のセルに分割したいときは、分割したいセルで右クリックし、メニューから[セルの分割]を選ぶ。（例）

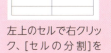

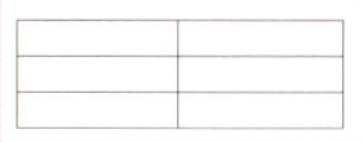

左上のセルで右クリック、[セルの分割]を選ぶ。

列数に2を入力（つまり縦に2分割）。

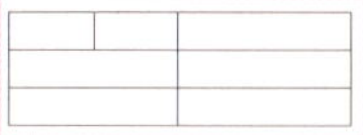

左上のセルが縦に2分割された。

2 罫線の変更

図表13-18 セルの選択

手順❶ 一番下の行を選択します。

図表13-19 線種の選択

手順❷ [表ツール]の[デザイン]タブをクリック。線の種類で[二重線]を選び（ⓐ）、[罫線]ボタンの下の［▼］をクリック（ⓑ）します。

図表13-20 罫線の引き方の選択

手順❸ メニューから[上罫線]を選択します。（**手順❶**で選んだ範囲に対して、二重線で上罫線が引かれる）

図表13-21 結果

3 仕上げ

図表13-22 列の選択

図表13-23 文字位置の変更

手順❶ 左端列のDATEと１～６の文字の位置をセルの中央に揃え、文字の色をグレーに、フォントを9ptに変更します。

図表13-24 列の幅の調整

手順❷ 各列の間の罫線をマウスでドラッグして各列の幅の調整をします。

手順❸ ある程度列の幅が調整できたら、最後に、月曜から金曜の列をすべて選択して右クリック。表示されたメニューから[列の幅を揃える]を選びます。

完成した表を本講の最初のサンプルと同じかどうか確かめてみましょう。

図表13-25 完成した表

時間	月曜	火曜	水曜	木曜	金曜
DATE	8	9	10	11	12
	茶の湯体験 漢字テスト		振替授業 ６校時まで		全校朝会
1	算数 円の面積	国語 ようこそ 私達の町へ テスト	算数 円の面積	図工	社会 教科書6.7 テスト
2	社会 身分制度	体育 ソフトボール 投げ	外国語	図工	
3	家庭科 茶の湯体験	国語 班で推敲	社会 教科書3.4.5 テスト	社会 産業と交通	
4	国語 構成を 考えよう	算数 円の面積	国語 レポートを 完成させる	国語 レポートを 伝え合う	
			昼休み		
5	国語 下書きを 書く	社会 都市のにぎわ いと文化	理科	社会 学問	
6			理科	算数 円の面積 テスト	
	当番A	体操服			

86

課題にチャレンジ

<課題>

次のクラス便りを作成しましょう。

● 表題はテキストボックスを使用。右の「プラスワン」を参照してください。
● ページ罫線の挿入の方法は、右の「プラスワン」を参照してください。

3年1組学級通信　こころ

第14号　2021年5月21日（火）
森王市立九条小学校

マリナ先生こんにちは

　金曜日の3時間目は、3年生になってから初めての外国語活動がありました。新しくマリナ先生にお世話になります。マリナ先生は、アメリカのオハイオ州出身でとっても日本語が上手な先生です。関西弁で楽しい冗談を話す明るい先生の人柄に、3年生もどんどん引き込まれていました。また、積極的に英語を話す子が多く、びっくりしました。子どもたちには、先生とたくさんお話をして、英語に興味を持ってくれたらと思います。

たまご→幼虫→さなぎ→成虫

　教室では、モンシロチョウの誕生がラッシュを迎えています。小さな小さな卵から小さな幼虫が生まれ、それがもこもこの青虫になり、固いさなぎになってから数日、さなぎからきれいなチョウに大変身する様子を間近で観察することができ、子どもたちも「チョウになってよかった！」「感動するね」と口々に言っています。育てた喜びや誕生の驚きや感動などを経験する貴重な機会となりました。※卵やキャベツ等をご提供いただき、ありがとうございました。

5月27日～6月2日			
日にち	学習・行事予定	持ち物	宿題
27（月）	午後　運動会練習 （雨天：通常授業）	晴天：体そう服、タオル 雨天：リコーダー	漢字ドリル 算数ノート
28（火）			漢字ドリル 算数ノート
29（水）	午後：運動会練習 （雨天：体育館）	体そう服、タオル	漢字ドリル 算数ノート
30（木）	午前：工場見学 　　浜存乳業森王工場		
31（金）	運動会予行演習 （雨天：体育館）		
1（土）	運動会（雨天順延）		
2（日）	運動会（6/1が雨の場合）		

プラスワン

テキストボックス

[挿入]タブの[テキストボックス]から、「横書きテキストボックスの描画」を選択。

ページ罫線

[ホーム]リボンにある下図のアイコンの[▼]をクリックし、[線種とページ罫線と網かけの設定]を選択。

表示された画面で、[ページ罫線]タブを選択し、[囲む]を選択。

最後に、線の種類や絵柄を選択する。

Wordで
クラス便りの作成（2）

理解のポイント

第2、3、13講に引き続き、校務文書の作成でよく使われるWordの操作を身につけます。本講では、クラス便りでよく使われる図や写真の取り扱いを学びます。本文の操作の仕方をよく読んで、少し練習してから、章末課題に挑戦してください。

本講で学ぶ図や画像の操作は、教材作成でも役に立つスキルです。

1 図や画像の取り扱い方

1 図の挿入

図表14-1　図形ボタンの選択

手順❶[挿入]タブの[図形]をクリックします。

図表14-2　図形の選択

手順❷目的の図形を選択します。

図表14-3　図形の描画

手順❸マウスをドラッグして図形を描きます。

2 文字の挿入

図を選択して文字を入力することができます。

図表14-4　文字の挿入

←図の上で右クリックし、メニューから[テキストの追加]を選択すると文字を入力することができます。入力した文字は大きさや色、フォントを変更することができます。

3 図形の書式設定

図表14-5　図形の書式設定

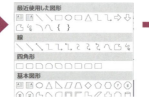

←図をクリックしてから、[図形の塗りつぶし]ボタンを選択することで塗りつぶす色が変更できます。
[図形の枠線]ボタンで枠線の色や太さを変更することができます。

＊塗りつぶしを[塗りつぶしなし]にすると枠線だけが残ります。教材作成などで特定の箇所を赤枠で囲んだりするときに使います。

プラスワン

図形の書式設定
図形の書式設定は、図を右クリックして[図形の書式設定]を選ぶことでも設定できる。

4　画像ファイルの挿入

画像ファイルの挿入の方法はいくつかあります。

図表14-6　ドラッグ&ドロップによる挿入

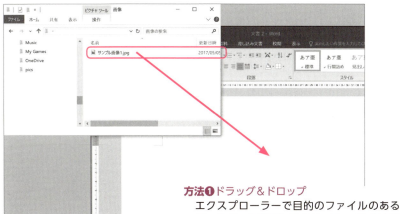

方法❶ドラッグ&ドロップ
エクスプローラーで目的のファイルのある
フォルダーを表示しておき、ファイルを文書
にドラッグ&ドロップします。

図表14-7　挿入タブからの挿入

方法❷[挿入]タブを使用
[挿入]タブの[画像]をクリックし、挿入し
たいファイルを選択します。

方法❸コピー&ペースト
目的の画像ファイルを画面に表示しておき、
コピー&ペーストで文章に挿入します。

5　文字列の折り返しの設定

挿入直後の画像は「一つの文字」として扱われるので、自由に動かすこ
とはできません。この設定を次のように変えることで、自由に動かすこと
ができるようになります。

図表14-8　挿入直後の様子

**図表14-9　文字列の折り返し
　　　　　　の設定**

手順❶設定したい画像をダブルク
リックして、[文字列の折り返
し]をクリックします。表示さ
れたメニューから目的の折り
返しを選択します。

*折り返しの設定は画像ファイルだ
けでなく、自分で描画をした図に
対しても設定できます。

プラスワン

肖像権
挿入しようとしている
画像に人物が写って
いる場合は、肖像権に
注意しなければならな
い。児童・生徒が写っ
ている場合は保護者
の許可が必要になる。
その都度許可を取る
のは煩雑なので、学
校によっては入学時や
年度始めに一括して
許可をとる場合もある。

著作権
他人が作成した画像
や撮影した写真には
著作権がある。著作
権を放棄している画像
(著作権フリー)は許
可なく使用できるが、
改編などについて条
件がある場合がある。
よく確認してから使用
しよう。

学校の著作権
学校などの教育機関
においては、授業の過
程で教師や児童・生
徒が著作物を使用す
る場合は、例外的に
権利者に無断で使用
することができる(著
作権法第35条)。し
たがって、授業で配布
する自作教材には、必
要な範囲において著
作者に無断で画像を
挿入することができる。
しかしながら、校務で
作成する「学級だより」
「保護者宛の連絡文
書」などの文書は授業
の過程で配布するも
のではないので著作
者の許可が必要。詳
しくは第19講を参照。

 四角形(S)

➡ 文字が画像の周囲に四角形に回り込みます。

図表14-10　四角形（1）

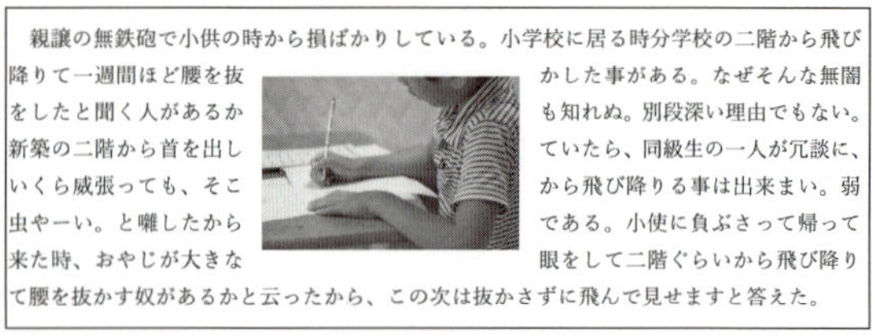

　親譲の無鉄砲で小供の時から損ばかりしている。小学校に居る時分学校の二階から飛び降りて一週間ほど腰を抜かした事がある。なぜそんな無闇をしたと聞く人があるか新築の二階から首を出しいくら威張っても、そこから首を出し虫やーい。と囃したから来た時、おやじが大きなて腰を抜かす奴があるかと云ったから、この次は抜かさずに飛んで見せますと答えた。

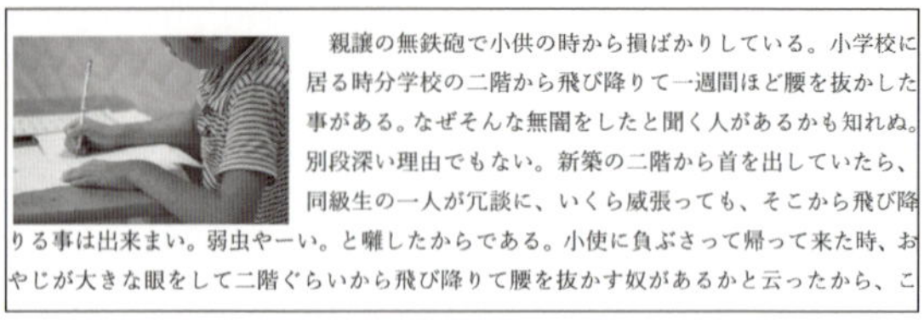

 上下(O)

➡ 文字が画像の上下に回り込みます。

図表14-11　四角形（2）

　親譲の無鉄砲で小供の時から損ばかりしている。小学校に居る時分学校の二階から飛び降りて一週間ほど腰を抜かした事がある。なぜそんな無闇をしたと聞く人があるかも知れぬ。別段深い理由でもない。新築の二階から首を出していたら、同級生の一人が冗談に、いくら威張っても、そこから飛び降りる事は出来まい。弱虫やーい。と囃したからである。小使に負ぶさって帰って来た時、おやじが大きな眼をして二階ぐらいから飛び降りて腰を抜かす奴があるかと云ったから、こ

図表14-12　上下

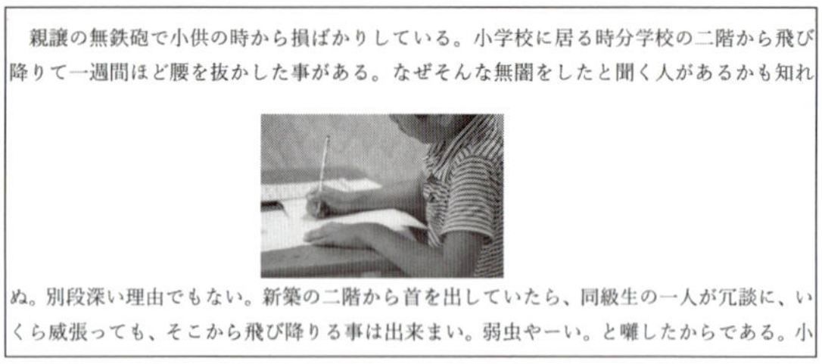

　親譲の無鉄砲で小供の時から損ばかりしている。小学校に居る時分学校の二階から飛び降りて一週間ほど腰を抜かした事がある。なぜそんな無闇をしたと聞く人があるかも知れ

ぬ。別段深い理由でもない。新築の二階から首を出していたら、同級生の一人が冗談に、いくら威張っても、そこから飛び降りる事は出来まい。弱虫やーい。と囃したからである。小

 前面(N)

➡ 画像が文字の前面に表示されます。

図表14-13　前面

　親譲の無鉄砲で小供の時から損ばかりしている。小学校に居る時分学校の二階から飛び降りて一週間ほど腰を抜かした無闇をしたと聞く人があるかも知れぬ。別段深い理由でもない。いたら、同級生の一人が冗談に、いくら威張っても、そこから飛虫やーい。と囃したからである。小使に負ぶさって帰って来た時二階ぐらいから飛び降りて腰を抜かす奴があるかと云ったからで見せますと答えた。

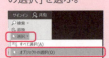
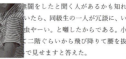 背面(D)

➡ 画像が文字の背面に表示されます。

図表14-14　背面

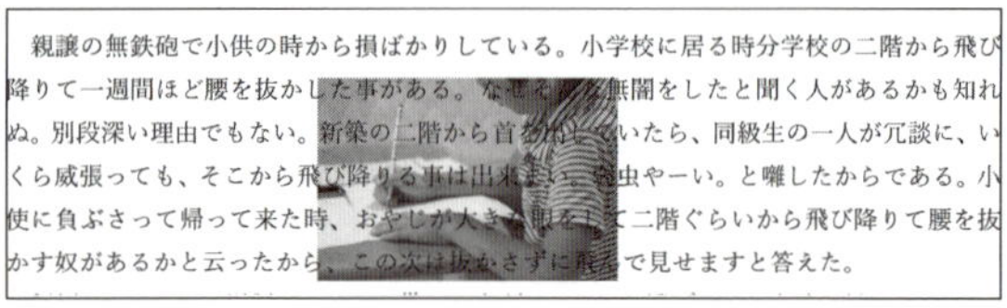

　親譲の無鉄砲で小供の時から損ばかりしている。小学校に居る時分学校の二階から飛び降りて一週間ほど腰を抜かした事がある。なぜそんな無闇をしたと聞く人があるかも知れぬ。別段深い理由でもない。新築の二階から首を出していたら、同級生の一人が冗談に、いくら威張っても、そこから飛び降りる事は出来まい。弱虫やーい。と囃したからである。小使に負ぶさって帰って来た時、おやじが大きな眼をして二階ぐらいから飛び降りて腰を抜かす奴があるかと云ったから、この次は抜かさずに飛んで見せますと答えた。

　たいていの場合、画像の挿入後には文字列の折り返しを設定します。そのまま設定をせずに「意図したところに移動できない」と焦ることのないように、上記をしっかり理解しておきましょう。

6 画像の圧縮

画像をいくつも挿入するとファイルのサイズが大きくなり、パソコンの動作が遅くなることがあります。画像を圧縮することでファイルのサイズを減らすことができます。

図表14-15　図の圧縮

手順❶図をクリックして[図の圧縮]をクリックします。

図表14-16　図の圧縮の詳細

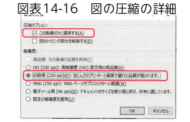

手順❷[圧縮オプション]の[この画像だけに適用する]にチェックを入れ、[解像度]で印刷用の文書なら[印刷用]を選択します。

7 オンライン画像の挿入

インターネットにある画像を挿入することができます。

図表14-17　オンライン画像挿入ボタン

手順❶[挿入]タブの[オンライン画像]をクリックします。

図表14-18　画像の検索

手順❷検索ボックスに探したい画像のキーワードを入力して検索します。

図表14-19　画像の選択と挿入

手順❸表示された画像から挿入したい画像を選択して[挿入]ボタンをクリックします。

8 ワードアートの挿入

図表14-20　ワードアートの挿入ボタン

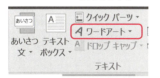

手順❶[挿入]タブの[ワードアート]ボタンをクリックして、表示されたサンプルのなかから使いたいものを選択します。

図表14-21　文字の入力

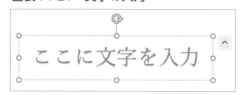

手順❷文字を入力します。

文字をドラッグして選択し、［ホーム］タブの［フォント］のところで、
文字や輪郭の色や、影や反射などの設定を変更することができます。

図表14-22　文字の選択　　　　　　　　図表14-23　フォントの選択

9　重なり順の変更

挿入した画像や図形やワードアートの重なりの順序を変更できます。

図表14-24　雲が手前　　　　図表14-25　重なり順の変更　　　図表14-26　太陽が手前

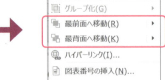

手順　順序を変更したい画像を選択して右クリックし、［最前面へ移動］もしくは［最背面へ移動］を選択します。

プラスワン

重なり順の変更
ひとつだけ前（あるいは後）に出したいときは、［前面へ移動］（あるいは［背面へ移動］）を選ぶ。
順序のメニュー
画像や図形をドラッグして貼り付けた場合、図14-25と見た目が少し違うメニューが表示される。その場合は、［順序］という項目から重なり順を変更する。

2　図や画像のすすんだ取り扱い方

1　トリミング

図表14-27　トリミングの前後

トリミング

図表14-28　トリミングボタン

手順❶ 画像をダブルクリックし、リボンから［トリミング］を選びます。

手順❷ 画像の周囲の「黒い線」をドラッグして切り出す範囲を決めます。

手順❸ 画像の外のどこかをクリックして作業終了。

> トリミングとは、画像から必要な部分を切り出す作業です。

図表14-29　トリミングの様子

課題にチャレンジ

＜課題＞

　次のサンプルを参考にしながら、条件を満たす「クラス便り」をつくりましょう。内容の文面や写真は自分なりに考えて用意しましょう（「クラス便り」の内容を考えるのが難しい場合は、大学で自分の所属するゼミやクラスの便りをつくっても構いません）。

【条件】

- 余白や段組みを最初に設定（下のサンプルは上下23mm、左右19mm、段組みで[2段目を狭く]を選んで2段組にした）
- タイトルにはオンライン画像とワードアートを使用すること。
- 本文で画像を4枚以上使用すること。
- 読みやすいフォントを選ぶこと。（下のサンプルはHG丸ゴシックM-PRO）

オンライン画像　　ワードアート

森王市九条小学校
2017.6.26　←　テキストボックス

防災学習

6月20日の防災学習では、九条小学校の防災倉庫を見学に行って消防隊員の方のお話を聞きました。はじめて防災倉庫を見る子がほとんどで、良い体験になったと思います。教室に帰ってから、何が防災に必要なのかをみんなでまとめました。ゲストの消防隊員の方からは自助と共助という話がありましたが、6年生になった今、いろいろな人に防災倉庫の中になにがあるのか、家庭ではどんな備えをするとよいのかを伝えられるようになってほしいと思います。

梅干しづくり　〜しそ入れ〜

6月21日（水）の1時間目に、それまで漬けていた梅干しにしそを入れる作業をしました。簡単そうに聞こえますが、実際にやってみると実は大変な作業。大きなしその枝からたくさんのしその葉をちぎります。次にちぎったしその葉を3回丁寧に洗い、一つ一つ丁寧に水気をふき取ります。そして、塩を加えて揉んでいくと紫色の液体が出てきます。そこに梅干しの汁を加えると・・・とてもきれいなピンクに変色します！最後に袋にしそを入れて終わり。手間ひまかけたおいしい梅干しを食べるのを子どもたちは楽しみにしています。

前半の振り返り

第1講から第14講までの学習を終え、校務での情報処理とは、授業での
ICT活用とは何かが少しは体験できたでしょうか。体験をさらに積み重ね
ることで応用する力もつきます。
そこで本講では、前半を振り返り、各講をどの程度理解できたかを確認し
ます。また、理解度に応じた復習問題を設定していますので、それらにチャ
レンジしましょう。

1 第1〜14講までの理解度チェック

　以下に、各講のポイントをまとめています。各講を振り返り、どの程度
理解できたか、次の3つの中からあてはまると思われるものを選び、そ
の番号を（　）内に記入してください。

　3：大変よく理解した
　2：まあまあ理解した
　1：理解が不十分

（　　）　第1講：前半のガイダンス／情報社会と学校教育について
　　　　　学校教育における教育の情報化の実態を知り、教員のICT活用
　　　　　指導力、そして児童・生徒の情報教育の大切さの理解

（　　）　第2講：保護者宛の連絡文書の作成（1）
　　　　　校務文書作成で頻繁に利用されるワードの基本機能の理解

（　　）　第3講：保護者宛の連絡文書の作成（2）
　　　　　校務文書の作成でよく使われる機能、入力した文字列や段落、
　　　　　PDFファイルについての理解

（　　）　第4講：情報モラル
　　　　　情報モラルとは何か、学習指導要領での位置づけと情報モラル指
　　　　　導で参考となるコンテンツ紹介

（　　）　第5講：効果的なWeb検索──修学旅行プランの作成（1）
　　　　　インターネットから得られる情報の特性や検索のしくみの理解

（　　）　第6講：効果的なWeb検索──修学旅行プランの作成（2）
　　　　検索時に複数のキーワードを入力して絞り込む手順や検索範囲の
　　　　指定方法などの理解

（　　）　第7講：タイピングのスキルアップ
　　　　ホームポジションの習得と5分間に150字入力に挑戦

（　　）　第8講：Excelで簡単な表の作成や関数の利用（1）
　　　　　　　──基本機能の理解と表の作成
　　　　Excelの画面をもとに基本的な機能の理解

（　　）　第9講：Excelで簡単な表の作成や関数の利用（2）
　　　　　　　──データの並べ替えや関数の利用
　　　　並べ替え機能を使ってデータの並べ替え、関数機能での簡単な計
　　　　算を理解

（　　）　第10講：PowerPointでカレンダーづくり
　　　　コンピュータを使用したプレゼンテーションの基礎となるプレゼ
　　　　ンテーションソフトウェアの使い方の理解

（　　）　第11講：映像作品を組み合わせたマルチメディア作品の作成
　　　　素材を組み合わせ「グリーティング動画」を作成

（　　）　第12講：デジカメ写真やWebカメラでのビデオを組み合わせ
　　　　　　　たマルチメディア作品の作成
　　　　インターネット動画編集サイトで、写真や動画を組み合わせて
　　　　ムービーを作成

（　　）　第13講：Wordでクラス便りの作成（1）
　　　　クラス便りでよく使われる「表のつくり方」と「塗りつぶしと罫
　　　　線の使い方」を理解

（　　）　第14講：Wordでクラス便りの作成（2）
　　　　クラス便りでよく使われる図や写真の取り扱いを理解

□
／42点満点

→

第1講から第14講の理解度はどの程度でしたか？
　理解度の合計点数により、以下のそれぞれの課題にチャレンジします。
　18点以下のみなさんは → 2-a
　19〜27点のみなさんは → 2-b
　28〜32点のみなさんは → 2-c
　33点以上のみなさんは → 2-d

修学旅行の案内作成

　第2講「保護者宛ての連絡文書の作成（1）」、第6講「効果的なWeb検索 修学旅行プランの作成（2）」、および第14講「Wordでクラス便りの作成（2）」を参考にして、以下の課題を完成します。

＜課題＞

(1) 例のような文書をWordに入力、作成します

(2) 6年担任には、みなさんの名前を入力します

(3) 見所には、嵐山の見所を3つ選び、見所の名称とその解説（150字程度）を入力します

平成 29 年 3 月 25 日

6 年生保護者様

森王市立九条小学校
6 年担任　〇〇　〇〇

修学旅行のご案内（第一報）

記

実施日　平成 29 年 5 月 23 日（火）～25 日（木）　（2 泊 3 日）

費用　24,000 円（積立金より支出）

目的　日本の古都である京都を訪れ、文化遺産や伝統に触れ、日本の歴史に理解を深める

行き先　京都・嵐山

見　所
　◆

　◆

　◆

以上

2-b　修学旅行の案内作成

　左頁の2-aと同様に、第2講、第6講および第14講を参考にして、以下の課題を完成します。

＜課題＞

(1) 例のような文書をWordに入力、作成します

(2) 6年担任には、みなさんの名前を入力します

(3) 見所には、嵐山の見所を3つ選び、見所の名称とその解説（150字程度）を写真入りで作成します。写真はWebサイトからスクリーンショット等で取り込み貼り付けます。また、取り込んだ写真のWebサイト名も記入します

平成29年3月25日

6年生保護者様

森王市立九条小学校
6年担任　〇〇　〇〇

修学旅行のご案内（第一報）

記

実施日　平成29年5月23日（火）〜25日（木）　（2泊3日）

費用　24,000円（積立金より支出）

目的　日本の古都である京都を訪れ、文化遺産や伝統に触れ、日本の歴史に理解を深める

行き先　京都・嵐山

見　所
◆

写真
（渡月橋）

http://……より掲載

◆

写真
（天龍寺）

http://……より掲載

◆

写真
（竹林の道）

http://……より掲載

クラスの成績一覧表作成

第9講「Excelで簡単な表の作成や関数の利用（2）」を参考にして、以下の課題を完成します。

<課題>
(1) 例のようにExcelにデータを入力します
(2) 10名の児童・生徒の国語と算数の平均点を求めます
(3) 同じ要領で、標準偏差*を求めます（使用する関数はSTDEV）

出席番号	氏名	国語	算数
1	浅田和人	85	82
2	今井優子	90	78
3	内村一樹	75	70
4	江川華	78	93
5	落合修也	92	90
6	加藤佳美	80	78
7	岸田悠	65	70
8	工藤美咲	83	95
9	検見川裕太	98	93
10	古賀凛	75	60
	平均点	82.1	80.9
	標準偏差	9.15	11.26

📖 語句説明

標準偏差

標準偏差とは、わかりやすくいえば、集団のデータのばらつき具合を表すもの。厳密には「分散の正の平方根」と定義されるが、私たちは数学の考え方ではなく、データの利用法について知っておこう。意味としては「平均点に対し、±標準偏差分の範囲に集団のおよそ68%が存在する」ということで、標準偏差が相対的に小さい場合は「多くの人が平均点に近い」と想像することができ、逆に標準偏差が大きい場合は「みんながバラバラの点をとっている」か「両極的な点に分かれている」と想像することができる。2つのグループが同じ平均点であっても、標準偏差をみることで、その内訳を推測することができる。

2-d　保健だより作成

　第13講「Wordでクラス便りの作成（1）」を参考にして、以下の課題を完成します。

＜課題＞
例のような「保健だより」を作成します

保健だより　こころ

第15号　2019年5月19日（金）
森王市立九条小学校

運動会の練習、怪我に気を付けて
　いよいよ来週末は運動会です。日頃の練習の成果を発揮します。月曜日からも練習が続きますが、くれぐれも怪我には気を付けてください。小さな怪我でもすぐに保健室に来て手当をしましょう。

5月22日～28日の予定			
日にち	学習・行事予定	持ち物	宿題
22（月）	午後　運動会練習 （雨天：通常授業）	晴天：体そう服、タオル 雨天：リコーダー	漢字ドリル 算数ノート
23（火）			漢字ドリル 算数ノート
24（水）	午後：運動会練習 （雨天：体育館）	体そう服、タオル	漢字ドリル 算数ノート
25（木）	午前：工場見学 　　　浜存乳業森王工場		
26（金）	運動会予行演習 （雨天：体育館）		
27（土）	運動会（雨天順延）		
28（日）	運動会（5/27が雨天の場合）		

後半のガイダンス／情報活用能力の調査結果について

理解のポイント

児童・生徒の生活に、スマートフォンのような携帯端末が浸透しつつあるなか、子どもたちは、情報をどこから収集し、どのように整理していくのでしょうか。また、そのような能力をどこで身につけるのでしょうか。
本講では、児童・生徒の情報活用能力に注目して、特にその課題となる点を理解しつつ、どのように情報活用能力を育むのかについて考えます。

1　はじめに

　後半の第16~30講では、前半で習得したWordやExcelの基本操作をもとに、ソフトウエアの応用的で幅広い活用法を学んでいきます。

　たとえば、第17、18講では、Wordで作成された文書を冊子にまとめる方法を習得します。小学校では、児童・生徒の作成した文書類を担任がまとめる作業がたくさんあります。第22、23講では、Excelの成績処理において、単に合計や平均点だけを求めるのではなく、前半（P.98）で習った標準偏差などをふまえ、データの種類と扱い方を学びます。これによりクラスの特性や傾向などを把握できます。第26、27講では、Wordと

図表16-1　後半で学ぶ内容一覧

	タイトル	使用するアプリ
第16講	後半のガイダンス/情報活用能力の調査結果について	
第17講	Wordで児童の感想文を小冊子にまとめよう（1）	Word
第18講	Wordで児童の感想文を小冊子にまとめよう（2）	Word
第19講	著作権	
第20講	学校放送番組（NHK for School）の活用法（1）	ブラウザ
第21講	学校放送番組（NHK for School）の活用法（2）	ブラウザ
第22講	Excelでさまざまなデータを活用しよう（1）──データの種類に応じたグラフの作成	Excel
第23講	Excelでさまざまなデータを活用しよう（2）──データをもとに多様な分析や成績評価をする	Excel
第24講	PowerPointを活用したプレゼンテーション（1）	PowerPoint
第25講	PowerPointを活用したプレゼンテーション（2）	PowerPoint
第26講	WordとExcelで差し込み印刷（1）	Word、Excel
第27講	WordとExcelで差し込み印刷（2）	Word、Excel
第28講	Scratchを活用したプログラミングの体験（1）	Scratch
第29講	Scratchを活用したプログラミングの体験（2）	Scratch
第30講	後半の振り返り	

Excelによる差し込み印刷の仕方を学びます。保護者などに郵送する宛名ラベルを作成するときに活用できます。第20、21講では、学校放送番組を授業に活用する方法や実際に活用されている様子を紹介します。NHK for Schoolは教材研究にも役立ちます。第19講では、コンピュータを扱う上で、特に忘れてはならない著作権について、今一度思い出します。また、第28、29講では、2020年度から必修となるプログラミング教育についても体験をします。

2 情報活用能力の調査結果

2015（平成27）年3月に、国公私立の小学校第5学年児童（116校3,343人）・中学校第2学年生徒（104校3,338人）を対象とした、「情報活用能力調査」の概要が発表されました。

情報活用能力は、文部科学省の「教育の情報化に関する手引」では、以下のような3観点8要素に分類されます。

情報活用の実践力
- 課題や目的に応じた情報手段の適切な活用
- 必要な情報の主体的な収集・判断・表現・処理・創造
- 受け手の状況などを踏まえた発信・伝達

情報の科学的な理解
- 情報活用の基礎となる情報手段の特性の理解
- 情報を適切に扱ったり、自らの情報活用を評価・改善したりするための基礎的な理論や方法の理解

情報社会に参画する態度
- 社会生活の中で情報や情報技術が果たしている役割や及ぼしている影響の理解
- 情報モラルの必要性や情報に対する責任
- 望ましい情報社会の創造に参画しようとする態度

小学校では、児童がコンピュータやインターネットなどの情報手段に慣れ親しむことが大切で、各教科の指導を通じて、情報を収集・整理・発信する学習活動が行われることが求められています。要するに、上記の「情報活用の実践力」の育成が主となります。しかし、それら情報を扱う上では、情報モラルも必要で、情報に対する責任をもつことも教えないといけません。

図表16-2は、情報活用能力調査の問題の一部です。情報を適切に扱うためには、情報の判断や評価が必要で、相手を意識した発信や伝達が求められます。

図表16-2　ブログの影響を知ろう

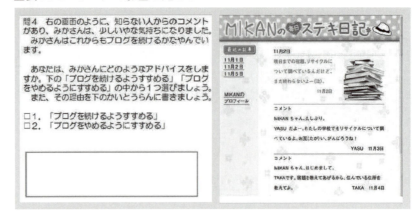

文部科学省「情報活用能力調査（小・中学生）〜調査結果（概要版）別冊問題調査結果及び質問紙」より引用（参照日：2017年6月27日）

　調査の結果からわかった情報活用能力の課題が、以下のように10項目あげられています。

（1）情報活用能力の育成を意識した授業の実践

　情報活用能力の育成を意識した授業の実施状況が低い

（2）キーボードでの文字入力

　濁音・半濁音・促音の入力や、アルファベットやカタカナの入力切り替えが苦手

（3）複数データからの情報収集

　複数のウェブサイトを行き来しながら情報を比較し、目的に応じて情報を集めることが苦手

（4）情報の適切な分類

　複数の収集した情報をいくつかのグループに分類することが苦手

（5）表やグラフの比較による分析

　表やグラフから読み取れる情報を説明・分析することが苦手

（6）適切なグラフの作成

　数値情報をグラフで伝える際、適切なグラフの種類の選択や目盛の値等の読み取りが苦手

（7）受け手を意識した資料作成や発表

　見出しの作成や貼り付ける写真を選択する際、受け手をあまり意識できていない

（8）情報に基づいた課題解決の提案

　課題解決の提案をする際、その根拠となる情報を説明することが苦手

（9）インターネット上での情報発信の特性の理解

　ウェブサイトの信頼性の判断基準や、情報発信者として注意する点に関する知識が不足している

（10）インターネット上でのトラブル遭遇時の対応

　インターネット上でのトラブルの兆候に気づくことや、トラブルの適切な対応方法に関する知識が不足している

　児童・生徒が上記にあるようなことを苦手だとしたら、教師になる皆さ

右の図表の問題を解いて、友達と解答を共有してみよう。

調査の詳細および調査結果の詳細な分析は、http://jouhouka.mext.go.jp/ をご覧ください。

んがさらに苦手意識をもつと困ります。苦手な項目があれば、上達できるようにトレーニングしましょう。

また、情報活用能力調査結果の上位の学校群には、以下の傾向があると報告されています（http://www.mext.go.jp/a_menu/shotou/zyouhou/1356188.htm より引用）。

> 情報活用能力調査結果の上位学校群の教員は、下位の学校群と比べ、次のような授業の実施頻度が高い傾向にある。
> ● 児童・生徒に自分の考えを表現させること
> ● 児童・生徒に情報を整理させること
> ● 児童・生徒に情報手段の特性に応じた伝達及び円滑なコミュニケーションを行わせること

> 上位の学校群の児童・生徒は、下位の学校群と比べ、学校で次のようなICT活用をしている頻度が高い傾向にある。
> ● 情報を収集すること
> ● 表やグラフを作成すること
> ● 発表するためのスライドや資料を作成すること

本書では，Excelを扱う第8、9講、PowerPointを扱う第10、24、25講が上記の操作スキルの上達に役立ちます。

3 児童・生徒の情報活用能力を育むために

子どもたちに、情報活用能力を育むために、教員は日頃の授業でどのようなことを意識して取り組めばよいのでしょうか。

1 学習課題を設定し、学習の見通しをもつ

視覚、聴覚を刺激して、児童・生徒に学習の見通しをもたせることが大切です。教員がいつも課題を設定するのではなく、子ども自らが課題を見つけ出し、どのような方法で解決するのか、その見通し（学び方）をイメージできることが大切です。課題は、教科書や資料から見つけるだけではなく、動画や静止画からの読み取りもよいかもしれません。

以下図版5点、文部科学省「21世紀を生き抜く児童生徒の情報活用能力育成のために」2015年より

2 教科書の教材文（意見文）を読むとともに、情報を集め、考えを深める

与えられた情報だけではなく、自ら情報を収集し、友のそれと比較したり、関連付けたりしながら、考えを深めていきます。

　収集した情報を整理するために、コンピュータを活用することもよいでしょう。一度、記録した文書があれば、修正も容易です。また、インターネットから図表などを引用することもできます。整理したものは、グループで共有するなどして、さらに完成度を高めていきます。

4 学習を振り返り、まとめる

　授業のねらいをどの程度理解できたか、またどの程度理解できなかったかを明確にして、授業を振り返ります。振り返るために、コンピュータで練習問題を解くのもいいで

しょうし、情報を集め、整理した内容をコンピュータに保存しておくことも大切です。

　学校放送番組（NHK for School）にも、情報活用能力を育むことを目的とした番組があります。小学校4〜6年生向けの番組「しまった！―情報活用スキルアップ」です。

Webサイトから NHK for School「しまった！」を閲覧して、興味のある回を一度視聴してみよう！

　Webサイトの番組紹介には、「調べ活動や協働学習、コミュニケーションをあつかう授業で役に立つスキルが10分でわかる」と書かれています。インタビューするときの質問する工夫や写真撮影時に注意すべきこと、たくさんの情報をまとめるときに気をつけること、わかりやすい表やグラフのつくり方、人前でスピーチするときのポイント、などの情報を番組から得ることができます。

図表16-3　NHK for School
「しまった！―情報活用スキルアップ」放送リスト

NHK for School「しまった！―情報活用スキルアップ」http://www.nhk.or.jp/sougou/shimatta/origin/list/ より引用（参照日：2017年6月27日）

課題にチャレンジ

＜課題＞

　以下の情報活用能力の（3観点）8要素の一部を育成するために自分で学習を計画してみましょう。

情報活用の実践力

- 課題や目的に応じた情報手段の適切な活用
- 必要な情報の主体的な収集・判断・表現・処理・創造
- 受け手の状況などを踏まえた発信・伝達

情報の科学的な理解

- 情報活用の基礎となる情報手段の特性の理解
- 情報を適切に扱ったり、自らの情報活用を評価・改善したりするための基礎的な理論や方法の理解

情報社会に参画する態度

- 社会生活の中で情報や情報技術が果たしている役割や及ぼしている影響の理解
- 情報モラルの必要性や情報に対する責任
- 望ましい情報社会の創造に参画しようとする態度

　上記の内容をもとに、どの講を重点的に学びたいと思いますか。本書の第16～30講のタイトルを見ながら自分にあった学習ポイントを明らかにしてみましょう。

要素内容：
第　　講：
選択理由：

要素内容：
第　　講：
選択理由：

Wordで児童・生徒の感想文を小冊子にまとめよう（1）

理解のポイント

学習のまとめとして感想文を書くだけでなく、クラスの仲間の感想を互いに読みあうことで学習がより深まります。すぐに授業で使える感想文集をWordでつくると想定し、製本の基礎と冊子作成の基本を学びましょう。

1 感想文を冊子にする

1 授業で効果的に使う

　児童・生徒が学習のまとめとして書いた感想文や作文は、書いた児童・生徒一人ひとりが自分の思いを整理したり、学びを振り返ったりするだけではなく、教師にとっても、児童・生徒一人ひとりの意欲や興味、関心、また理解度や読解力について文章をとおして知ることができる、大切な学びの成果物の一つになります。

　児童・生徒の興味や関心は多様で、たとえば同じ物語を読んでも、児童・生徒一人ひとりに一番好きなシーンが存在したり、児童・生徒なりの解釈があったりするものです。児童・生徒の書いた感想文を冊子にし、文集としてまとめることで、個人の学びの成果物や思い出づくりの資料としてだけではなく、それぞれに同じ学習をしても異なる考え方や見方があることや、共感することで思いを深めることなどを学ぶことができるため、より学習が深まることが期待されます。

　とはいえ、文集を作成するために時間やお金をかけていると、授業ですぐに活用することは難しくなります。数行のまとめやコメントであれば、児童・生徒の端末と電子黒板をつないで各自の意見を提示するということも可能でしょう。しかし、感想文などはやはり文集として冊子化し、それぞれがじっくり読みあうことで、児童・生徒が自分の意見との相違点に気づいたり、共感したり意見を述べあったりすることが可能になります。

　本講と次講では、Wordで作成できる製本の基本を学び、児童・生徒の学習がより豊かになるような教材としての感想文集をつくる過程を学びます。

2 製本の基本と綴じ方を知る

　製本には、上製本と並製本の2種類があります。前者はハードカバー、

後者はソフトカバーともよばれています。

　上製本とは、本の背の部分に糸を通して綴じ、表紙と背表紙、裏表紙が1枚になっている別の紙で冊子をくるむ製本です。ページ数が多くてもしっかりと綴じることができるため、長期保存にむいていますが、コストがかかり、つくる工程も複雑です。

　それに対して、並製本とは、糊や接着剤、ホチキスなどを使って、表紙と中身を一緒に綴じ、同じ大きさに冊子を切りそろえる仕上げ断ちを行って完成させる製本です。主なものに「無線綴じ」「平綴じ」「中綴じ」の3種があります。

図表17-1　無線綴じ、平綴じ、中綴じの違い

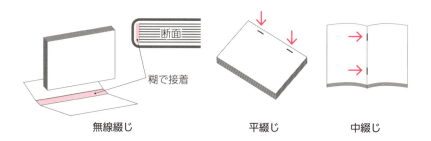

無線綴じ　　　　　　　　平綴じ　　　　　中綴じ

　無線綴じは、その名のとおり、糊や接着剤のみで用紙の片側を接着してつくる方法です。ページ数が多い雑誌のようなものに適しており、上製本のように表紙でくるんでつくることも多いので、上製本ほどではないですが丈夫です。しかし、糊などで固めてしまうため、冊子を開ききることができず、内側の部分（「のど」とよばれる部分）が見えなくなるという特徴があります。無線綴じで製本する簡易製本機も販売されていますので、そういうものを使ってつくってもよいでしょう。

　平綴じは、片面印刷した紙を山折りしたもの（袋綴じ）や両面印刷した紙を重ねて、のどの部分をホチキスなどで止めて製本したものです。こちらもホチキスの位置より奥ののどの部分が隠れてしまい、開ききることができなくなります。しかし、ページ数や出来上がりがイメージしやすく、つくりやすいという特徴があります。

　中綴じは、両面印刷した紙を開いた状態で重ねあわせ、真ん中をホチキスで綴じた製本です。耐久性は低いですが、比較的薄い本に適しています。また、開ききることが可能です。ただし、紙の厚さやページ数によっては、紙を折ったときに外側（小口といいます）が山形にずれてくることがあるため、断ち切る必要がある場合、印刷した端のほうが切れてしまうことがあります。

　本講では、児童・生徒がWordで書いた感想文をまとめて文集のように冊子にすることを想定し、誰でも簡単につくれる冊子として、「並製本」の「平綴じ」で児童・生徒の感想文集を作成してみましょう。感想文集らしく、縦書きで、2段組に挑戦します。

新聞のように、2つ折りした用紙を合わせていく「スクラム製本」とよばれる製本もあります。

プラスワン

右綴じと左綴じ
冊子を閉じて表紙を見たとき、「のど」が右のものを右綴じ、左のものを左綴じという。通常、縦書きの本は右綴じ、横書きの本は左綴じにする。

2　平綴じで冊子をつくる

1　Wordで平綴じ製本の設定をする

　平綴じでは、冊子の仕上がりの大きさの紙に印刷してつくります。今回は、袋綴じではなく、両面印刷でつくりますので、1枚の紙に表と裏と2ページ分を印刷することになります。

　それでは、実際にWordを使って作成してみましょう。まずは、平綴じ製本をするためのページ設定を行います。

　感想文集をつくるために書式設定した新しいファイルを用意します。

　［レイアウト］タブ（❶）をクリックし、［ページ設定］グループの右下の矢印（❷）を押して、［ページ設定］ウィンドウを表示します。ここでは、文集らしく縦書きの2段組になるように設定しましょう。［文字数と行数］タブ（❸）をクリックして、一番上の［文字方向］で［縦書き］（❹）を選び、［段数］を［2］にします（❺）。

　次に、［余白］タブ（❻）をクリックします。通常、Wordで設定している［標準］の余白で、ホチキス止めをしても文章が隠れるということはまずありませんが、ここでは念のために、ホチキスを止める内側の余白を多めにとってみましょう。［印刷の形式］を［標準］から［見開きページ］に設定すると（❼）、左右の余白入力欄が［内側］［外側］の余白入力欄にかわるので、それぞれ余白を考えて数値を入力します（❽）。ホチキスなどで止める方が「内側」の余白になりますので、そちらを少し大きめにとっておきます。

　［印刷の向き］は［縦］を選びます（❾）。

図表17-2　平綴じ製本の完成イメージ

図表17-3　文字方向と段数の設定

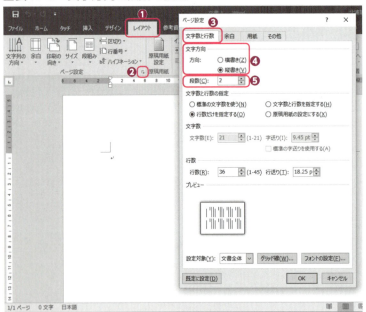

図表17-4　余白の設定

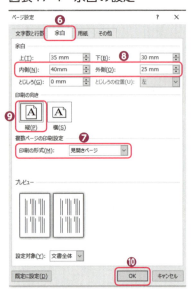

図表17-5　表紙の挿入

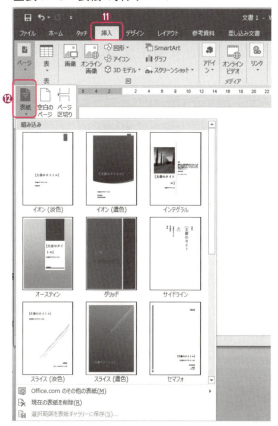

これで、自動的に綴じる側の余白がひろくなっていきます。ここまでの設定が終わったら、右下の［OK］ボタン（❿）を押します。

次に、表紙の1ページから順に最後の裏表紙まで、表紙や感想文を挿入して、それぞれのページをつくっていきます。

まずは、［挿入］（⓫）から［表紙］（⓬）をクリックし、適当な表紙デザインを選びましょう。自動的に先頭ページに挿入され、2ページ目がつくられます。表紙のデザインは後で自由に変更できます。

また、Microsoft社がインターネットで提供しているOfficeテンプレートを活用すると、表紙に使えそうなさまざまなテンプレートが見つかると思います。無料で提供されていますので、活用してみてもよいでしょう（https://www.microsoft.com/ja-jp/office/pipc/default.aspx）。

2　感想文を1つのファイルにまとめる

2ページ目から、児童・生徒が書いた感想文を挿入していきます。児童・生徒のWordファイルを順番に開き、すべてを選択して、コピーして貼りつける、という方法でも構いませんが、ここでは、児童・生徒のWordファイルを開かずに、新しい1つのファイルにまとめる方法を学びましょう。

Wordの［挿入］ボタン（⓭）から［オブジェクト］（⓮）をクリックし、［ファイルからテキスト］を選びます。すると、［ファイルの挿入］と

図表17-6　ファイルからテキスト

図表17-7　テキストの選択

図表17-8　挿入されたテキスト

図表17-9　ページ区切り

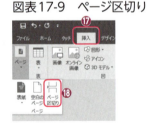

いうウィンドウが開きますので、児童・生徒の感想文のWordファイル
を選んで（⑮）、［挿入］（⑯）をクリックします。設定したように、縦組
み2段でテキストが挿入されます。

　児童・生徒ごとに改ページする場合は、改ページしたい位置にカーソル
を置き、［挿入］（⑰）から［ページ区切り］（⑱）をクリックします。

　すべての児童・生徒の感想文が挿入できたら、最後に裏表紙をつくりま
す。図やクリップアートを挿入してつくってもよいですし、表紙をコピー
してデザインをそろえてもよいでしょう。

　表紙と同じイメージでつくる場合は、表紙にもどって、いろいろなとこ
ろを自由にクリックしてみましょう。そうすると、表紙がさまざまなパー
ツでつくられていることがわかります。それらのなかから、必要なパーツ
をコピーして裏表紙に貼りつけ、裏表紙をデザインしてみましょう。

3 印刷する

　いよいよ印刷します。［ファイル］（⑲）をクリックし、［印刷］（⑳）を選び、設定を「両面印刷　長辺を綴じます」（㉑）にし、［印刷］（㉒）をクリックします。

　表紙から順番に、プリンタが自動的に余白を計算し、平綴じ印刷に対応した印刷をします。

　すべての印刷が終了したら、ホチキス止めをして完成です。

図表17-10　印刷の設定

縦組みの冊子なので、右端を止めます。

ちゃんとわかったかな？
課題にチャレンジ

＜課題1＞

　「教育実習に向けて」というテーマで、A4用紙2枚で各自レポートを書いてください。そのレポートを持ち寄って平綴じ製本すると想定し、両面印刷してください。

＜課題2＞

　自分の紹介したい本の感想を100～150字でまとめて、Wordで原稿を作成してみましょう。

　今回は、次講の準備課題となります。必ず担当教員の指示に従ってデータを保存しておいてください。そのデータをもとに次回（第18講）で実際に冊子を作成してもらいます。

Wordで児童・生徒の感想文を小冊子にまとめよう（2）

理解のポイント

前講に続き、児童・生徒の感想文をWordだけで冊子にまとめる方法を学びます。Wordで小冊子を作成するにあたって、中綴じ製本で作成するための基本を学びましょう。また、PDFなど印刷媒体ではないメディアの利用についても学びましょう。

1 PDFファイルによるデジタル感想文集を作成する

　第17講で作成したファイルを、印刷物としてではなく、タブレットなどの端末で見る、といった場面を想定してデータで配布する方法を学びましょう。

　Wordのファイルをそのまま配布すると、勝手に修正されてしまう可能性もあります。そこで、PDFファイルに変換して、簡単に修正できないようにしてから配布するようにしましょう。

　PDFファイルを表示するためにはAdobe Acrobat Readerなどの、PDFリーダーやPDFビューアとよばれるソフトが必要になります。だいたいどのパソコンにも入っていますが、なければ無料のPDFリーダーやPDFビューアをインストールしてください。

　それでは、WordでdocxファイルをPDFファイルに変換する方法を学びましょう。冊子だけではなく、Wordで作成したどんなファイルでもPDFファイルにすることができるようになります。

図表18-1　PDF作成の設定

第17講で作成した「感想文集」のファイルを開き、[ファイル]（❶）をクリックし、[エクスポート]（❷）を選びます。

[PDF/XPS*ドキュメントの作成]（❸）を選び、右側の[PDF/XPSドキュメントの作成]ボタン（❹）をクリックします。

[PDFまたはXPS形式で発行]という、PDFファイルで保存するためのウィンドウがでてきますので［発行］ボタンをクリックします。

発行する前に［オプション］をクリックすると、より細かな設定が可能になります。たとえば、文集のPDFファイルを開くためのパスワードをつけることもできます。ぜひ挑戦してみてください。

2 中綴じで冊子をつくる

1 中綴じのページ設定を学ぶ

中綴じ製本は、下図のように、つくりたい冊子の2倍の大きさの紙に印刷してつくります。片面に2ページずつ、両面に印刷するので、1枚の紙に4ページ分印刷することになります。

図表18-2 中綴じの製本（16ページの例）

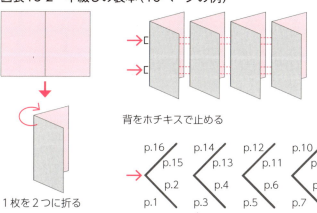

背をホチキスで止める

1枚を2つに折る

p.16　p.15　p.2　p.1
p.14　p.13　p.4　p.3
p.12　p.11　p.6　p.5
p.10　p.9　p.8　p.7

2つ折りにして綴じるので、表紙や裏表紙も含めて総ページ数が4の倍数になります。なお、10枚程度（表紙・裏表紙を含んで40ページくらい）以内が中綴じに適したページ数です。

それでは、実際にWordを使って作成してみましょう。

まずは、中綴じ製本をするためのページ設定を行います。

前講同様、「感想文集」をつくるために書式設定した新しいファイルを用意します。

［レイアウト］タブをクリックし、［ページ設定］グループの右下の矢印を押して、［ページ設定］ウィンドウを表示します。前講同様、［文字数と行数］タブをクリックして、縦書きの2段組になるように設定しましょう。一番上の［文字方向］で［縦書き］を選び、［段数］を［2］にします。

第18講

Wordで児童・生徒の感想文を小冊子にまとめよう（2）

語句説明

XPS

XML Paper Specificationの略で、Microsoft社が開発した、電子文書を記述するためのXMLベースのフォーマットのこと。ここでは使わない。

プラスワン

ページ数と綴じ方
40ページ以上の冊子をつくるときは、平綴じや無線綴じがよい。

次に、「余白」（❶）タブをクリックします。

図表18-3　余白の設定

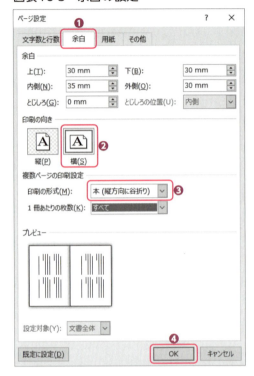

中綴じの場合、［印刷の向き］では［横］（❷）を選びます。

［複数ページの印刷設定］の［印刷の形式］のところで［本（縦方向に谷折り）］（❸）に設定し、［１冊あたりの枚数］を適宜設定します。すでにページ数がわかっている場合はその数字を選択します。「すべて」でも構いません。

ここまですべて設定できたら、右下の［OK］（❹）ボタンを押します。

ここでも、前講と同じように表紙を作成し、次のページから順に児童の感想文を挿入します。

すべての児童・生徒の感想文が挿入できたら、表紙とまだ作成していない裏表紙の２ページ分を足して総ページ数が４の倍数になっているか必ず確認しましょう。

４の倍数にならない場合は、表紙裏や裏表紙裏をつくったり（白いページを挿入）、班ごとに中表紙を入れたりて調整しましょう。

2　全体の統一感をだす

全体の統一感をだすために、「ヘッダー」や「フッター」を使ってみましょう。たとえば「○年○組 感想文集」という文字を、本文の全ページの上部に入れてみます。「挿入」から「ヘッダー」を選び「ヘッダーの編集」をクリックして挿入します。下部に入れたい場合は「フッター」を選び、同様の作業を行います。

プラスワン

表紙の名称
「表紙裏」とは表紙の裏になるページ、「裏表紙裏」とは、裏表紙の裏にくるページのこと。この、表紙、表紙裏、裏表紙裏、裏表紙をそれぞれ、表1、表2、表3、表4ともいう。

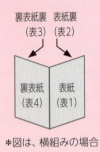

＊図は、横組みの場合

図表18-4　ヘッダーとフッター、ページ番号の挿入

　ページ番号を挿入するには、「挿入」（❺）から「ページ番号」（❻）を
クリックします。「ページの上部」や「ページの下部」など、挿入位置を
選択できますので、選択したい場所をクリックします。また、「ページ番
号の書式設定」（❼）をクリックすると、数字の書式を選んだり、ページ
の開始番号を設定できたりします。

　ページ番号を各ページの下に入れる場合、奇数ページなら右下に、偶数
ページなら左下にページ数がくるように設定するには、「挿入」から「フッ
ター」を選び「フッターの編集」を選びます。すると、リボンが「ヘッ
ダー／フッター デザインツール」に変わり、さまざまな設定が可能にな
ります。ここでたとえば「奇数／偶数ページ別設定」を選ぶと、それぞれ
のページごとにページ番号を入れる位置を変えることが可能になります。
それぞれのヘッダーやフッターをレイアウトしてみましょう。

図表18-5　ヘッダーとフッターの編集

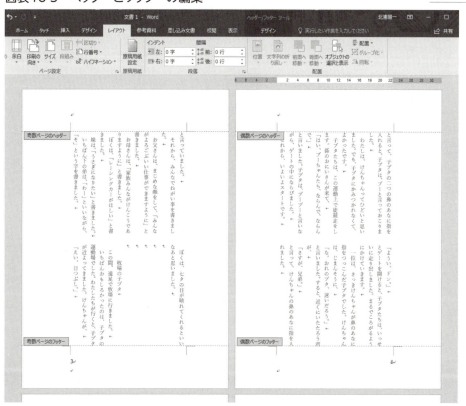

最後に、表紙と裏表紙を作成します。

前講と同様に表紙を挿入します。表紙は児童・生徒の感想文とは違うセクションとして扱われていますので、ページ数は入りません。

また、裏表紙をつくるときには、感想文の最後のページで［ページレイアウト］から［区切り］を選択し、［セクション区切り］の［次のページから開始］を選択して新しいページを挿入してから作成します。

こうすると、新しいセクションになるため、今までのページにあったヘッダーやフッター、ページ番号が消え、作成しやすくなります。

図やクリップアートを挿入してもよいですし、前講と同様に文集の最後のページに、表紙のパーツをコピーしてデザインをそろえてもよいでしょう。

また、ペイントソフトなどで描いたイラストやデジカメで撮影した写真を活用して、表紙や裏表紙を作成してみてもよいでしょう。

3　印刷する

いよいよ印刷します。［ファイル］（**❽**）から［印刷］（**❾**）を選び、設定を［両面印刷　短辺を綴じます］（**❿**）にします。

図表18-6　中綴じ製本の印刷設定

プリンタが自動的に中綴じ製本に対応した印刷をします。表紙と裏表紙が片面1枚に印刷された紙から順番にでてきます。両面印刷ができないプリンターの場合は、片面の印刷が終わったら、表示されたメッセージどおりに、束のまま裏むきにしてセットし、印刷を再開します。

すべての印刷が終了したら、真ん中で2つ折りにして、ホチキスで止めれば、中綴じの文集の完成です。

図表18-7　中綴じ製本の完成

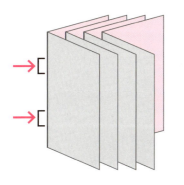 

背をホチキスで止める

プラスワン

中綴じとホチキス
中綴じの場合、普通の
ホチキスでは柄の長さ
が足りず使えないので、
専用の「中綴じ用ホチ
キス」や「タテヨコス
テープラー」が便利。
専用ホチキスがない
場合は、綴じたい部分
の下に消しゴムを置き、
普通のホチキスを開い
て、上から針を打ち込
み、針がささっている
ことを確認してから消
しゴムをとり、ホチキ
スの針を折り曲げれば
止めることができる。

ちゃんとわかったかな？

課題にチャレンジ

＜課題1＞

　小人数のグループで、前講で作成した本の感想文（Wordで各自が書いたもの）を持ちより、中綴じ製本で感想文集にしてみましょう。その際、表紙と裏表紙を必ずつけること、ページ数を下部に入れることを条件とします。

＜課題2＞

　さらに、作成した後、実際に授業で児童が書いた感想文や作文を文集にすることを想定した場合、Wordの使い方の指導も含めて、どのような点に注意をして授業を設計すればよいか、実際に作成した経験をもとに話し合ってみましょう。

著作権

理解のポイント

本講では、著作権について学んでいきます。著作者や著作物という用語を押さえた上で、著作権が「著作者人格権」と「著作権（財産権）」を含むことや著作権保護期間を確認します。さらに、学校現場での著作権に関わる事例を通して、著作権の適用について学んでいきます。
最後に子どもとともに著作権を学ぶためのコンテンツを紹介します。

1 著作権を知る

　私たちは、日々の生活のなかで本や漫画を読んだり、音楽を聴いたり、映画やアニメを視聴したりしています。これらの作品を生み出しているのは作家や漫画家、作曲家等です。それらの作品を生み出すにあたっては多大な労力がかかっていますので、コピーしたものを勝手に販売されたり、そっくりまねて自分の作品だとして公表されたりすると、相当な不利益を被ります。作品を生み出す人（著作者）やその作品（著作物）を保護するものが「著作権」なのです。

　著作権とは、以下の通り知的財産権に含まれるもので、著作権法によって保護されています。

図表19-1　知的財産権

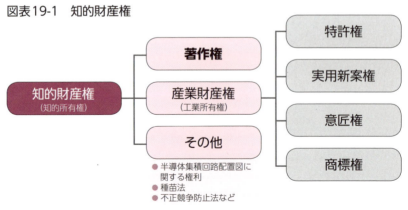

「知的財産権」に著作権が含まれることを知っておくことが重要です。

公益社団法人著作権情報センターホームページ（http://www.cric.or.jp/qa/hajime/index.html）より

　ここでは、著作権法をひもときながら著作権について考えていきます。
　まず、著作権法第1条に「著作物並びに実演、レコード、放送及び有線放送に関し著作者の権利及びこれに隣接する権利を定め、これらの文化

的所産の公正な利用に留意しつつ、著作者等の権利の保護を図り、もって文化の発展に寄与することを目的とする」ことが示されています。この著作物は、「思想又は感情を創作的に表現したもの」（第2条）であり、**図表19-2**のものが含まれます（第10条）。

図表19-2　著作物にあたるもの

- 小説、脚本、論文、講演その他の言語の著作物
- 音楽の著作物
- 舞踊又は無言劇の著作物
- 絵画、版画、彫刻その他の美術の著作物
- 建築の著作物
- 地図又は学術的な性質を有する図面、図表、模型その他の図形の著作物
- 映画の著作物
- 写真の著作物
- プログラムの著作物

　その他にも「二次的著作物」（翻訳・編曲等）、「編集著作物」（事典・辞書等）、「データベースの著作物」も著作権保護の対象となります。

　ここで重要なのは、誰もがその権利を有しているということです。著作権のイメージは、プロの芸術家や作家等が対象ととらえがちですが、「思想又は感情を創作的に表現したもの」であればすべて著作権が発生します。たとえば、3歳児が描いたなぐり描きの絵であっても著作物ですし、みなさんがスマートフォンで撮影した写真も著作物です。著作権の対象は、年齢、作品の巧拙、プロかアマチュアかなどに関係ないのです。

　一方で、憲法や法令、国や地方公共団体または独立行政法人の告示・訓令・通達、裁判所の判例・命令・決定、それらを国や地方公共団体の機関等が翻訳また編集したものは、「著作者」の「著作物」ではありませんので著作権法で保護される対象とはなりません（第13条）。

　それでは、具体的に著作権の内容について確認していきましょう。まず、著作者は、「著作者人格権」と「著作権（財産権）」を享有します（第17条）。前者に関して、「著作者は、その著作物でまだ公表されていないもの（その同意を得ないで公表された著作物を含む。以下この条において同じ。）を公衆に提供し、又は提示する権利を有する。当該著作物を原著作物とする二次的著作物についても、同様とする」（第18条）と規定されています。著作物の公表にあたっては、著作者が著作物を公表するかしないか、公開するにあたってはいかにそれを公表するかを決定する権利を有しています。また、「著作者は、その著作物の原作品に、又はその著作物の公衆への提供若しくは提示に際し、その実名若しくは変名を著作者名として表示し、又は著作者名を表示しないこととする権利を有する。その著作物を原著作物とする二次的著作物の公衆への提供又は提示に際しての原著作物の著作者名の表示についても、同様とする」（第19条）とされています。著作物を公表するにあたって、著作者名を表示するかしないか、表示する場合には実名か変名（ペンネーム）かを決めることができる権利を有しています。そして、「著作者は、その著作物及びその題号の同一性を保持する権

著作権はあらゆる人の著作物に適用されることを理解しなければなりません。

著作者が有する「著作者人格権」と「著作権（財産権）」のそれぞれを知っておきましょう。

図表19-3　著作権（財産権）に含まれるもの

複製権	印刷、写真、コピー機による複写、録音、録画などあらゆる方法で「物に複製する」権利で、著作権の中で最も基本的な権利。この言葉から、著作権制度は、もともとコピー（Copy）に関する権利（Right）から始まったことがわかります。
上演権・演奏権	音楽の演奏会や演劇の上演のように、多くの人に著作物を直接聴かせたり、見せたりする権利。演奏を収録したCDなどを多くの人に聞かせることも含まれます。
上映権	フィルムやDVDなどに収録されている映画、写真、絵画などの著作物を、多くの人に見せるためにスクリーンやディスプレイ画面で上映する権利。
公衆送信権	送信可能化権とも呼ばれます。テレビ・ラジオ・有線放送、インターネットによる情報の発信などに関する権利。ホームページに著作物をのせて、だれかからアクセスがあれば、いつでも情報を発信できる状態にすることも「送信可能化権」として、この権利に含まれます。
公の伝達権	テレビ・有線放送された著作物をテレビなどによって、多くの人に見せたり聞かせたりする権利。
口述権	小説や詩などの言語の著作物を朗読などの方法で多くの人に伝える権利。
展示権	美術の著作物および写真の著作物（未発行のもの）を多くの人に見せるために展示する権利。
頒布権	劇場用映画のように、上映して多くの人に見せることを目的として作られた映画の著作物を販売したり貸したりする権利。
譲渡権	映画以外の著作物またはその複製物を多くの人に販売などの方法で提供する権利。
貸与権	CD・DVDなど、著作物の複製物を多くの人に貸し出しする権利。
翻訳権・翻案権など	著作物を翻訳、編曲、変形、脚色、映画化などの方法で二次的著作物を作る権利。
二次的著作物の利用権	自分の著作物（原作）から創られた二次的著作物を利用することについて、原作者が持つ権利。

公益社団法人著作権情報センター「みんなのための著作権教室」（http://kids.cric.or.jp/intro/01.html）より

利を有し、その意に反してこれらの変更、切除その他の改変を受けないものとする」（第20条）と定められており、自分の意に反して著作物を勝手に改変されない権利が保障されています。

　後者の「著作権（財産権）」については、多くの内容が含まれますので、**図表19-3**を参考にしてください（第21 ～ 28条）。

　著作権の保護期間は、著作者の死後50年とされ、無名・変名・団体名義の著作物は公表後50年とされています。ただし、変名でも江戸川乱歩のように周知の場合は、死後50年が適用されます。映画の場合は、公表後70年と通常の著作物より期間が長く設定されています。

　著作権の保護期間が終了すれば、複製権もなくなります。その点を活かしたものが「青空文庫」です（http://www.aozora.gr.jp）。たとえば、先に紹介した江戸川乱歩は1965年に亡くなりましたので、2016年に著作権の保護期間が終了しました。そのため、現在では「青空文庫」でその作品を読むことができます。

> 著作権保護期間の延長も議論されていますので映画以外の著作物も70年となる可能性もあります。

2　具体例から著作権を考える

　これまで著作権の概要を確認してきましたが、ここからは、いくつかの具体的な事例を取り上げて、その理解を深めていきましょう。

事例 1

小学校の学習発表会において各学年で合唱を行います。ある学年では、児童の提案で今放映されているアニメの主題歌を歌うことになりました。著作権の観点から使用料は発生するのでしょうか？

著作権法第38条には次のように規定されています。

> 公表された著作物は、営利を目的とせず、かつ、聴衆又は観衆から料金（いずれの名義をもつてするかを問わず、著作物の提供又は提示につき受ける対価をいう。以下この条において同じ。）を受けない場合には、公に上演し、演奏し、上映し、又は口述することができる。ただし、当該上演、演奏、上映又は口述について実演家又は口述を行う者に対し報酬が支払われる場合は、この限りでない。

小学校の学習発表会は、①営利目的ではない、②聴衆・観衆から料金を徴収しない、③児童に報酬を支払わない、ので使用料は発生しません。「今放映されているアニメの主題歌」といった、歌が新しいか古いか、TV番組で使用されているかどうかは問題ではないのです。

事例 2

小学校の学習発表会は、6年生にとっての晴れ舞台でもあります。保護者からの要望もあって学習発表会を録画し、そのDVDを児童に配布することになりました。
著作権の観点から使用料は発生するのでしょうか？

「事例1」と異なるのは、録画したものを配布するという状況ですが、これは著作権の使用料が発生します。著作権第35条には、「授業の過程における使用に供することを目的とする場合には、必要と認められる限度において、公表された著作物を複製することができる」と規定されていますが、学校行事の記念のために児童にDVDを配布することは、授業の過程における使用ではないため該当しないのです。

このような場合の手続きのしかたや使用料については、JASRACのホームページを確認してください（http://www.jasrac.or.jp/info/school/index.html）。

事例 3

算数の授業では教科書に加えて共通に使っている計算ドリルがあります。クラスの半分ぐらいの児童はそれが簡単なようなので、市販のドリルをコピーしたものを追加で配布して利用しています。
これは著作権の観点から問題ないといえるでしょうか。

「事例2」で著作権法第35条に触れました。この場合は、「授業の過程

における使用」にあたるので複製してもよいと捉えてしまうかもしれません。しかし、これは著作権の侵害にあたります。一般的にドリルは一人ひとりが個別に取り組むことを想定して出版されています。そのため、教師一人が購入したものをコピーして使用した場合、出版社の利益を損なうことになってしまいます。著作権法第35条には、次のようなただし書きがあります。

> ただし、当該著作物の種類及び用途並びにその複製の部数及び態様に照らし著作権者の利益を不当に害することとなる場合は、この限りでない。

　本件のような使用は「著作物の種類及び用途」から著作権者の利益を不当に害する行為にあたるのです。

3　子どもと学ぶ著作権

　これまで教師が著作権について理解することの重要性を確認してきましたが、教師だけでなく子どもたち自身も著作権について理解していかねばなりません。子どもたちも「著作者」となりますし、自身や他者の「著作物」について尊重する意識をもたねばなりません。
　子どもたちが著作権を学ぶために活用できるコンテンツとして、公益社団法人著作権情報センター（CRIC）が開設している「みんなのための著

適切な指導がなければ、子どもたちは著作権を理解できません。

図表19-4　「みんなのための著作権教室」

http://kids.cric.or.jp/index.html

作権教室」があります。

　子どもでもわかりやすい表現で適切にまとめられており、「こんな時の著作権」では学校・家庭・インターネットでの著作権に関する事例が紹介されています。

　このようなコンテンツを活用しながら、子どもとともに著作権を学び、自他の権利意識を高める取り組みを進めていきましょう。

4　おわりに

　学校内外で教育活動を進めるにあたっては、さまざまな著作物を用いなければなりません。だからこそ、本講「2　具体例から著作権を考える」で取り上げた事例のように、著作権に関する慎重な対応が求められます。教師だけでなく子どもたちも著作物を用いるので、教師だけが意識しているだけでは不十分です。また、子どもたちは、教育活動を通じてさまざまな著作物を生み出しています。それらも著作権の対象であることは、教えられて初めて理解できるでしょう。先に紹介した「みんなのための著作権教室」等を活用しながら、子どもたちとともに著作権を学び、自他の権利意識を高める取り組みを進めていくことが求められるのです。

ちゃんとわかったかな？

課題にチャレンジ

＜課題＞

　以下の設問について、著作権法等の条文を踏まえながらそれぞれ200字程度にまとめ、担当教員に提出してください。

1．子どもたちが学習発表会で披露する劇は、著作権の対象となるでしょうか？

2．子どもたちから運動会の応援団で、アニメのキャラクターを用いた旗を使いたいと、要望がありました。著作権の観点から使用料は発生するのでしょうか？

3．卒業生であるオリンピックのメダリストに、学校で講演してもらうことが決まりました。体育館のスペースの関係で人数制限せざるを得ず、講演を録画したものを保護者や地域の人に配布することを計画しています。これは著作権の観点から問題はないでしょうか？

学校放送番組（NHK for School）の活用法（1）

理解のポイント

近年、小学校や中学校の授業でICT（Information and Communication Technology）機器やメディアの活用が進んでいます。授業でよく利用されているICT機器やメディアにはどんなものがあり、それぞれの特徴はどこにあるのかを整理した上で、最もよく利用されているメディアである、NHKの学校放送番組（NHK for School）の特徴をつかみましょう。

1 小学校での ICT機器、メディア利用の状況

1 小学校でのICT機器利用の状況

　小学校の教師が授業で利用できるICT機器にはどんなものがあり、どの程度利用されているのでしょうか。NHK放送文化研究所の 2016 年度の調査によると、プロジェクター（78%）やテレビ受像機（77%）などの大きな画面があり、そこにインターネット（86%）につながったパソコン（89%）や、デジタルカメラ（91%）・実物投影機（83%）の映像を映し出すことが、多くの教室でできるようになっていました（**図表 20-1**）。

　その一方で、ICT機器が整備されていても、必ずしも利用されていないこともわかりました。たとえば、プロジェクターはあるが利用していない教師が 22%、電子黒板はあるが利用していない教師が 18% いました。ど

電子黒板には、デジタルテレビまたはモニターに電子黒板機能が付加された「一体型電子黒板」、タッチ機能の付いた専用ボードにプロジェクターから投影する「ボード型電子黒板」、黒板、ホワイトボード等のスクリーンやテレビモニターに専用のユニットを設置する「ユニット型電子黒板」などがあります。

図表20-1　小学校教師の授業におけるICT機器利用

(n=2307)　(%)

	利用環境あり	利用あり
デジタルカメラ・デジタルビデオカメラ	91	85
パソコン	89	83
実物投影機（OHC、教材提示装置、書画カメラなど）	83	66
プロジェクター	78	56
テレビ受像機	77	64
録画再生機	74	59
電子黒板	49	31
タブレット端末	45	33
インターネット	86	77

宇治橋祐之、小平さち子（2017）「進む教師のメディア利用と1人1台端末時代の方向性」NHK放送文化研究所編『放送研究と調査』2017年6月号、p.29、NHK出版をもとに作成

うして利用しないのでしょうか。

その理由は大きく3つに分かれます。1つ目は「機器の使い方がわからない」、2つ目は「その機器だけあっても利用できない」、3つ目は「授業でどう利用していいかわからない」です。

1つ目の解決方法としては校内外の研修が有効です。機器の使い方を確認したうえで「大きい画面で説明すると子どもたちにわかりやすく説明できる」などの効果を実感することで、利用が増えるようです。

2つ目は教師個人で解決するのは難しい問題です。プロジェクターだけあっても、パソコンや実物投影機とすぐに接続できないと効果的に使えません。教室で利用できる機器にどのようなものがあり、それがどのような状態なのかを確認して授業に臨む姿勢が大切でしょう。

3つ目は教師として一番大切な問題です。ICT機器がなくても授業はできますが、ICT機器があることで、よりわかりやすく効果的な授業ができることがあります。どんな場面でどんな機器を利用するのがよいのか、日ごろから授業研究を行い、他の先生のノウハウを学ぶ姿勢が必要でしょう。

2 小学校でのメディア利用の状況

ICT機器を授業で使う際に、教師はどのようなメディアを映しているのでしょうか。小学校教師の92%が選択肢に示したメディア教材のいずれか1つ以上を授業で利用していました。

教師の利用がもっとも多かったのは「NHK学校放送番組」（50%）、次は「NHKデジタル教材」（48%）でした。このいずれかでも授業で利用した「NHK for School利用」は62%に達していました（図表20-2）。

「NHK学校放送番組」は、学校向けの教育番組として、対象学年、教科・領域が明示されている番組です。「NHKデジタル教材」は、学校放送番組のストリーミング視聴と、資料映像を短くまとめた動画の「クリップ」、番組内容の理解を深めるための双方向教材などの「きょうざい」、教師向けの番組活用情報「先生向け」などが利用できるインターネット上のサー

図表20-2　小学校教師のメディア教材の利用

(n=2307) (%)

NHK学校放送番組	50
NHKデジタル教材	48
指導者用のデジタル教科書	47
あなたや他の先生が作成した教材（自作教材）	46
「NHKデジタル教材」以外のインターネット上のコンテンツや動画・静止画（ネットコンテンツ）	46
市販のビデオ教材やDVD教材（ビデオ教材）	43
「指導者用のデジタル教科書」以外のパソコン用教材	23
「学校放送番組」以外のNHKの放送番組	11
NHK以外の放送番組	9
※NHK for School利用（「NHK学校放送番組」と「NHKデジタル教材」のいずれかでも利用）	62

同前p.32をもとに作成

NHKの学校放送番組は、1935（昭和10）年にラジオで全国放送が始まり、80年以上にわたって、全国の学校で利用されてきました。

図表20-3 「NHK for School」

www.nhk.or.jp/school

NHK for School
では番組動画を再
生できるとともに、
チャプターごとの
再生や、再生開始
時間と終了時間を
決めた再生などが
できます。

ビスです。2001年度に開始され、段階的に番組数やサービスを拡大して
きました。2011年度からは「NHK for School 」という名称で統一され、
NHKが提供する学校向け教育サービスにアクセスできるようになってい
ます。2017年度時点では2000本以上の番組、7000本以上の動画クリッ
プを公開しています。

　続いて授業での利用が多かったメディア教材は「指導者用のデジタル教
科書」(47%)、「自作教材」(46%)、「ネットコンテンツ」(46%)、「ビデ
オ教材」(43%)で、40%を超えていました。全体としてみると、小学校教
師はさまざまなメディア教材を授業にあわせて日々利用しているようです。

3　学年別にみた小学校教師のメディア教材の利用

　メディア教材の利用をもう少し詳しくみてみましょう。学年別に利用の
多いものをあげると図表20-4のようになります。

　1、2年生担任では、「自作教材」の利用が多いのが特徴的です。低学年
の授業はもともと、身の回りの事象を対象とした内容が多く、メディアを
利用する機会が他の学年よりも少ない傾向があります。その中で「自作教
材」が多いのは、そのクラスの子どもたちの特性にあわせた教材として、
教師が作成しているのでしょう。ここでいう自作教材は「独自に撮影した
り、編集したりして自分自身や、ほかの先生が作成した教材」で、デジタ

図表20-4　学年別にみた小学校教師のメディア教材の利用

(%)

1 年生担任 (n=399)	自作教材 ビデオ教材 デジタル教科書	42 37 35	2 年生担任 (n=367)	自作教材 ビデオ教材 NHK for School デジタル教科書	46 37 36 36
3 年生担任 (n=388)	NHK for School 自作教材 ネットコンテンツ	60 46 43	4 年生担任 (n=372)	NHK for School ネットコンテンツ 自作教材	74 56 47
5 年生担任 (n=399)	NHK for School デジタル教科書 ネットコンテンツ	80 64 59	6 年生担任 (n=382)	NHK for School デジタル教科書 ネットコンテンツ	87 69 55

宇治橋祐之、小平さち子 (2017) 前掲 p.32をもとに作成

ルカメラで撮影した画像や、PowerPointなどで作成したスライドなども含みます。

　3、4年生担任になると、「NHK for School利用」が一番多くなります。これは、3年生から始まる理科、社会科でNHK for Schoolを利用する教師が多いためです。また低学年と比べると「ネットコンテンツ」の利用が増えるのが特徴的です。

　5、6年生担任では、「NHK for School利用」が8割を超えます。低学年、中学年と比べると、「指導者用のデジタル教科書」の利用が多いのも特徴的です。5、6年生になると授業で扱う内容が抽象的な概念や、教室で実物を示すことが難しい内容が増えるので、NHK for Schoolの利用や指導者用のデジタル教科書の動画などを提示して利用していると考えられます。

４　教科別にみた小学校教師のメディア教材の利用

　では教科ごとの利用をみるとどうなるでしょうか。同じ調査結果によると、各教科でもっとも利用されているメディア教材は次頁図表 20-5 のようになります。

　国語、算数、外国語活動では「指導者用のデジタル教科書」の利用が多くみられました。特に、外国語活動では、なんらかのメディア教材を利用している教師の 72％ が利用していますが、これは文部科学省が無償で配布している外国語活動教材「Hi Friends!」に連動した教材も含むためと考えられます。国語と算数では教科書の文章や例題を基に授業を進めることが多いので、「指導者用のデジタル教科書」の利用が多いのでしょう。

　理科、社会科、家庭科、体育、道徳では「NHK for School利用」が多くみられました。理科、社会、道徳は、もともとNHKの学校放送番組の利用が多いのですが、これは、理科・社会が自然現象や社会事象を扱うので、教科書とあわせて映像を見せる際に利用されるためです。また道徳については、なんらかの価値葛藤場面を示す映像を基に話し合いの活動を行うためによく利用されています。家庭科、体育でも最近「NHK for School利用」が増えてきました。いずれも実技教科なので、家庭科室や校庭・体育館などで授業が行われます。そうした場所にネット環境が整ってきたことで、「NHK for School利用」が増えてきたのでしょう。

（100%＝当該年度に該当教科で何らかのメディア教材を利用した教師）（%）

国語	(n=1013)	指導者用のデジタル教科書	43
社会	(n=1031)	NHK for School利用	65
算数	(n=945)	指導者用のデジタル教科書	59
理科	(n=1158)	NHK for School利用	84
生活	(n=283)	自作教材	53
音楽	(n=307)	ビデオ教材	32
図画工作	(n=311)	自作教材	40
家庭	(n=130)	NHK for School利用	34
体育	(n=658)	NHK for School利用	38
道徳	(n=720)	NHK for School利用	57
外国語活動	(n=562)	指導者用のデジタル教科書	72
総合的な学習の時間	(n=709)	ネットコンテンツ	50
特別活動	(n=482)	自作教材	36

同前p.35をもとに作成

　対象学年とあわせて、それぞれの教科・領域の特性を考えながら教師は授業でメディアを利用しているのです。

2　授業で利用されるメディアの特徴

1　教育メディアの特性

　さまざまなメディアが授業で利用されています。それぞれのメディアには特性がありますが、全体として教師はどんな教育効果を期待して利用しているのでしょうか。調査結果は下記のようになります（図表20-6）。

　最も多かったのが「児童の関心・意欲を高める」で85%に達していました。次に多かったのが「児童の知識・理解を深める」で67%となり、この2つの効果を重視する教師が多いことがわかります。

　この結果は教師が「一斉学習」をする際にメディアに期待する効果とも考えられます。授業で「協働学習」や「個別学習」をする時間が増えるようになると、「授業での意見の共有や議論をする機会が増える」ためにや、「個人の能力に合わせた学習ができる」ためにメディアを利用することが考えられますし、「協働学習」や「個別学習」に対応したメディア教材も少しずつ増えてき

一斉学習は「一斉指導による学び」、個別学習は「子供たち一人一人の能力や特性に応じた学び」、協働学習は「子供たち同士が教えあい学び合う協働的な学び」です。

図表20-6　小学校教師がメディア教材を利用する際に重視する効果

（n=2307）（%）

	利用環境あり
児童の関心・意欲を高める	85
児童の知識・理解を深める	67
一斉提示することで、情報が早く確実に伝わる	37
児童の思考・判断を促す	29
児童の活動が活性化する	28
児童の技能育成に役立つ	13
授業での意見の共有や議論をする機会が増える	10
個人の能力に合わせた学習ができる	7
特に重視することはない	3
その他	1

同前p.44をもとに作成

ています。教材研究をする際にメディアの特性と目的の両方を考えて、最適なものを探していく姿勢が大事です。

2 学校放送番組（NHK for School）の特徴

本講の最後に学校放送番組（NHK for School）の特徴をまとめます。NHKでは、番組基準で学校放送番組を次のように定義しています（日本放送協会番組基準第2章第3項）。

> 1 学校教育の基本方針に基づいて実施し、放送でなくては与えられない学習効果をあげるようにつとめる。
> 2 各学年の生徒の学習態度や心身の発達段階に応ずるように配慮する。
> 3 教師の学習指導法などの改善・向上に寄与するようにつとめる。

1、2と比べて3は、少し不思議に思うかもしれませんが、番組を見る子どもたちだけでなく番組を利用する教師に、最新の学習指導法などを提供するという役割も学校放送番組にはあるのです。これから教師になろうとする大学生や若手の先生方に、その教科・単元でどのような内容をどのような順序で伝えていくのがよいかを考えてもらうための一つのモデルを提供しているのです。

ちゃんとわかったかな？

課題にチャレンジ

＜課題＞

次のなかから1つを選んで、400字程度でレポートを作成してください。その後、友だちのレポートと比較して、その内容について話し合いましょう。

1. 教室にある機器にはどんなものがあるか書き出してみて、どの教科のどの場面で利用すると効果がありそうか考えてみましょう。
2. 図表 20-2 に示したメディア教材の特徴を書き出し、どのような授業場面で利用すると効果的か整理してみましょう。
3. 低学年、中学年、高学年それぞれで、どのようなメディアを授業で利用できそうか、整理してみましょう。
4. 教科ごとに、どのようなメディアを授業で利用できそうか整理してみましょう。
5. NHK for Schoolの理科の番組を1つ選び、授業をする立場で視聴して、どのような構成で伝えているか、書き出してみましょう。

学校放送番組（NHK for School）の活用法（2）

理解のポイント

インターネットの普及により、授業で動画を扱いやすくなってきました。授業で動画を活用する場合、どのように利用すると効果的なのかを考えましょう。その上で、NHKの学校放送番組（NHK for School）を利用して授業作りをする際にどうしたらよいかを具体的に考えます。

1 授業での動画利用の方法

1 授業のねらいにあわせた動画の利用方法

第20講でみてきたように、教室で利用できるICT機器の環境が充実してきており、さまざまなメディア教材が利用されています。特に動画をいつでも見られるようになり、多くの教師が利用するようになっています。

授業で教師と子どもたちが一緒に番組を見ることで、次のような効果があると考えられています。

● 教室の子どもたちが共通のイメージをもてる
● 学習へのモチベーションを高めることができる
● 番組を通して学習の見通しをもてる
● 主人公と一緒に問題解決の思考過程を体験できる

では、授業で動画をどのように使うのが効果的なのでしょうか。これまでの多くの実践結果から、「目的にあわせて利用場面を選ぶ」のがよいとされています（図表21-1）。

たとえば、子どもたちの「関心・意欲・態度を高める」目的であれば、導入の場面での利用が効果的です。学校放送番組は多くの場合、対象学年の子どもたちと等身大のキャラクターが、学習課題に沿った形で動いていくストーリーになっています。教室の子どもたち全員で映像を見ることで、主人公に共感する中から関心・意欲・態度が高まると考えられます。

次に「思考・判断を揺さぶる」ために番組を利用したいときには、展開

図表21-1　学校放送番組の使い方

導入	展開	まとめ
関心・意欲・態度を高める	思考・判断を揺さぶる	知識の定着をはかる

授業での動画視聴は家庭での動画視聴とは異なります。家庭での視聴は一人が多いのに対して、授業では複数になるので対話が生まれます。また、家庭では、ながら視聴や受動的に見て終わることが多いですが、授業では目的に合わせて視聴し、活動を展開します。授業で動画を見ることで、映像の見方を学ぶこともできます。

場面で番組を見せることが多いようです。これは1時間の授業の中での展開場面でも、単元全体の中盤あたりの展開場面でも同様です。子どもたちが、教科書やなんらかの活動を経てその単元の学習を進めてきたところに、新たな情報を提示したり、異なる考え方を示したりすることで、思考・判断を揺さぶり、深めることをねらって番組を見せるという使い方です。

「知識の定着をはかる」ために番組を利用したい場合には、まとめの場面での利用が有効です。番組で取り扱われる事象やキーワードはすでに授業で扱ったものであるとすると、その意味や内容を番組でコンパクトに振り返ることで知識の定着がはかれます。

このように、動画を授業で利用する際には、「目的にあわせて利用場面を選ぶ」ことが大事ですが、これは他の教材でも同じことでしょう。学習の進み具合や、クラスの実態を見ながら、動画が有効な場面を考えて、授業で利用していくことが大事です。

2 NHK for Schoolの動画の種類

ここまで扱ってきたNHK for Schoolの動画には、テレビ番組として長年放送されてきた「ばんぐみ」と、インターネットで公開されている「クリップ」の2種類があります。「ばんぐみ」も「クリップ」も同じ教育目的の動画ですが、そのねらいや内容には違いがあります（図表21-2、21-3、21-4）。

番組には10分や15分という一定の長さがあります。またシリーズの番組の長さは10分なら10分、15分なら15分と固定されています。番組は放送するために制作されているので、1時間を単位とする放送番組時

図表21-2 NHK for School「ばんぐみ」と「クリップ」の違い

	「ばんぐみ」	「クリップ」
長さ	10分、15分などが多い	1分程度から3分程度までさまざま
番組シリーズのタイトル	あり	なし
テーマソング	あり	なし
キャラクター	あり	なし
シリーズのストーリー	あり	なし

図表21-3 「ばんぐみ」の例「ふしぎがいっぱい（5年）」（長さは10分）

第6回
魚が育つには

図表21-4 「クリップ」の例「ミジンコの食べ物」（長さは1分10秒）

ミジンコの食べ物

刻表にぴったりおさまる必要があるからです。そのため10分や15分という、まとまった時間の長さになります。一方でクリップはインターネットで公開することを考えて制作されるので、時間の長さに制約はありません。1分10秒でも1分15秒でもよいのです。

　時間の長さは、内容にも関わってきます。番組は通常10分や15分の長さでその教科のある単元の内容を網羅する必要があります。その点クリップはある事象を伝えるのに最適な時間を選択することができます。また、番組は時間の長さが一定なので、見通しをもって見るのに向いています。継続して番組を見ることとで、10分や15分で映像の内容全体をつかむ力が育ってくるとされています。一方クリップは短いので繰り返し見ることができるという利点があります。

　次に、番組にはシリーズのタイトルがありますが、クリップにはありません。シリーズのタイトルがあるとたとえば「きょうは『ざわざわ森のがんこちゃん』を見ましょう」と、子どもたちに投げかけたときに、タイトルから番組イメージをもちやすく、全体の見通しをもてるようになります。クリップにもタイトルはありますが、「ミジンコの食べ物」や「田んぼに住む微生物」など、個別の内容を知りたいときにわかりやすいタイトルがつけられています。

　テーマソングも番組では重要です。子どもたちが番組のテーマソングを聞いたり、時には歌ったりする間に、番組を見る準備、学習に向き合う準備ができてきます。クリップは知りたい内容があるときにみるものなので、テーマソングはなく、すぐにナレーションで説明が始まるように構成されています。

　テーマソングとあわせて、キャラクターの有無も番組とクリップの大きな違いです。番組は主人公となるキャラクターの思考過程を子どもたちが一緒に体験することで、学習の目標に到達するように構成されています。キャラクターが迷ったり、困ったり、試行錯誤したりするのを見ながら、子どもたちもいろいろなことを考えるようになります。それに対してクリップは自然現象や社会事象をきちんと見せることをねらっています。実験をする人や、インタビューに答える人がでてくることもありますが、映像に映し出される事象をしっかり見てわかることをねらっています。

　最後に、シリーズ全体のストーリーがあることが番組の特徴です。オムニバス形式の番組もありますが、多くの番組は教育課程に基づいて20本を基本に制作されており、順番に継続して見ていくことで、その教科・領域の内容をカバーできるようになっています。それに対してクリップの場合は、関連するクリップを次から次へと見ていくうちに、トータルとしてその分野全体がわかるようになっています。

　なお、番組の見方には大きく3種類があります。丸ごと視聴を基本としつつ、学級の実態に合わせて分断視聴や部分視聴が行われています。部分視聴をするかわりにクリップ視聴をする場合もあります。

20年以上放送されている「ざわざわもりのがんこちゃん」のテーマソングは長年子どもたちに親しまれてきました。元気な恐竜の女の子の「がんこちゃん」、乱暴なところあるが本当は優しいワニの「バンバン」、はずかしがりやのカタツムリの女の子「ツムちゃん」などのキャラクターが登場します。

- **丸ごと視聴**　番組を最初から最後まで丸ごと見ること
- **分断視聴**　番組の途中までみて、教師が解説を加えたり、子どもたちが提示された問題を予想したりしながら、最終的に全部見ること
- **部分視聴**　番組の中でその授業に必要な部分だけを見ること

NHK for Schoolを利用した授業例

1　教科でのNHK for Schoolの利用

2017年現在NHK for Schoolで公開されている番組を利用した授業の展開例をみていきましょう。

①理科番組「ふしぎがいっぱい（5年）」を利用した事例

URL：http://www.nhk.or.jp/rika/fushigi5/

小学校5年生向け理科番組「ふしきがいっぱい（5年）」はおっちょこちょいの主人公「ホナちゃん」がいろいろな失敗をしながら「ふしぎ」をみつけていきます。各回に関連する10～20本程度のクリップもあるので、番組と組み合わせて授業を展開することができます。

> **＜授業展開例＞**
> 番組名：第6回「魚が育つには」（時数：3時間）
> **■1時間目**
> - 学級で飼育している子メダカの観察記録を基に変化の様子を話し合う
> - 「魚が育つには」（10分）を視聴する
> - 池などにいるメダカは何を食べているか予想する
> **■2、3時間目**
> - 池や川の水を採取し、中にいる生物の様子を観察する
> - 採取した微生物を飼育しているメダカに与えて、食べる様子を観察する
> - クリップを視聴して、観察できなかったプランクトンの様子などを調べる
>
>   クリップ例　　「小さな魚の食べ物」（1分47秒）
>   　　　　　　　「田んぼに住む微生物」（1分56秒）
>   　　　　　　　「ミジンコの食べ物」（1分10秒）
> - 観察記録や映像を基にわかったことについて話し合う
> - メダカは池の中の小さな生き物を食べて生きていることを確認する

②道徳番組「ざわざわ森のがんこちゃん」を利用した事例

URL：http://www.nhk.or.jp/doutoku/ganko/

小学校1年生向け道徳番組「ざわざわ森のがんこちゃん」は、素直で

プラスワン

NHK for Schoolを利用した授業例
下記サイトを参照。
「NHK for Schoolで授業力アップ！」
http://www.nhk.or.jp/school/jyugyo/

明るいがんこちゃんと仲間たちが巻き起こす珍騒動や葛藤から、道徳的テーマを感じ取ってもらうことを目指しています。

> **＜授業展開例＞**
> **番組名：第1回「あいさつはだれのため？」（時数：1時間）**
> - 「あいさつはだれのため？」（10分）を視聴する
> - 番組のシーンをとりあげて子供たちと考える
>   例「夢の世界でみんなからあいさつしてもらえなかった時、がんこちゃんは、どんな気持ちだったでしょうか？」
> - 自分の経験を振り返る
>   例「挨拶をしたり、礼儀正しくしたりしたことで相手が喜んでくれたことはありますか？」

2 「総合的な学習の時間」「特別活動」などでの NHK for School の利用

　NHK for School の特徴の一つに、教科だけではなく、総合的な学習の時間や特別活動向けの番組として、喫緊の教育課題に対応した番組が制作されています。こうした番組を利用して授業を展開することもできます。

①総合的な学習の時間　「しまった！──情報活用スキルアップ」を利用した事例

　URL：http://www.nhk.or.jp/sougou/shimatta/

　「しまった！」は調べ活動や協働学習、コミュニケーションを扱う授業で役に立つスキルを10分にまとめた番組です。

> **＜授業展開例＞**
> **番組名：第1回「調べる インタビュー」（時数：1時間）**
> ＊社会科見学に行く前の事前学習としての利用
> - 見学先で聞きたいことを確認する
> - インタビューの仕方について大切なことを予想する
> - 「調べる インタビュー」（10分）を視聴する
> - 番組の「しまった！ポイント」を確認する
> - 社会科見学でどのようにインタビューをするか具体的に考える

②特別活動「いじめをノックアウト！」を利用した事例

　URL：http://www.nhk.or.jp/tokkatsu/ijimezero/

　「いじめをノックアウト！」は「いじめって何？」「いじめが起きたとき、どうすればいい？」といったことを教室のみんなで考える番組です。

<授業展開例>

番組名：第1回「いじめが起きにくいクラスって？」（時数：1時間）

＊クラス替えした4月の授業での利用

● 「いじめが起きにくいクラスって？」（10分）を視聴する

● 番組のシーンをとりあげて子供たちと考える

　　例「話しかけづらい気持ちってどんなものがあるか考えよう」

　　　「お互いを知るきっかけにどんなものがあるとよいか？」

ちゃんとわかったかな？

課題にチャレンジ

<課題>

　NHK for School（www.nhk.or.jp/school）の理科または社会科の番組ウェブサイトにアクセスして、番組を1つ選び、10分（または15分）の番組と、1〜3分のクリップを2つ視聴して、どのような違いがあるか下記の表の形で特徴を整理してみましょう。その後、友だちの整理したものと比較して、その内容について話し合いましょう。

	番組	クリップ1	クリップ2
タイトル			
長さ			
登場人物			
中心となる学習内容			
関心・意欲・態度を高めると考えられる部分			
思考・判断を揺さぶると考えられる部分			
知識の定着をはかると考えられる部分			

第**22**講

Excelでさまざまなデータを活用しよう（1）
──データの種類に応じたグラフの作成

理解のポイント

第8〜9講では、Excelの基本的な機能を理解し、その利用方法を学習しました。主に、表の作成とデータ整理について学ぶことができましたので、本講では、さまざまなデータに適したグラフを作成し、分析を試みてみましょう。比較したい事柄、注視したいポイントなどを考えながら、適したグラフを活用できることを目標に取り組んでみてください。

1　データの種類のいろいろ

グラフの形状も、平面だけでなく、立体的なもの（3-D）もあります。基になる文書から、デザイン性を考えて適切なものを選んでみましょう。

　学校現場で扱うデータにもさまざまな種類があります。たとえば、学業成績であれば、テストの点数、成績の順序、問題別の正誤や選択回答の構成比率、月ごとに行う小テストの点数の個人別推移などが考えられます。あるいは、アンケート調査や学校評価などでも、数値データや記述データなど、さまざまなデータが扱われます。そこで、まずはデータの種類とグラフの適性について、理解しましょう。

1　棒グラフ

図表22-1　棒グラフの例

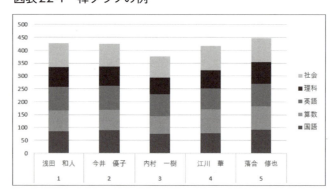

　テストの点数や課題の達成回数など、量的なデータを個別に比較する場合に適しています。さらに、上記のように、「積み上げ型棒グラフ」にすると、テストの全科目合計点だけでなく、科目ごとの得点比率もみることができるので、何が得意（または苦手）な科目となって、その合計点に至っているのかを考えることもできます。

その他、月ごとの発言数など推移をみる場合にも利用できますが、「ある一時点での特徴」を比較する場合に、特に適しているといえます。

2　円グラフ

図表22-2　円グラフの例

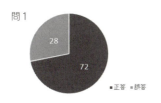
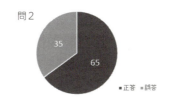

テスト実施後の分析において、各問題の正答率やアンケート調査の選択回答傾向を分析するなど、比率について検討する場合に適しています。この場合、データの値は 0 ～ 100％になりますが、Excel の場合、データ数が 100 でなくても、「グラフ機能」で円グラフなどの比率データ用のグラフについては、自動的に比率に計算して表示してくれます。

3　折れ線グラフ

図表22-3　折れ線グラフの例

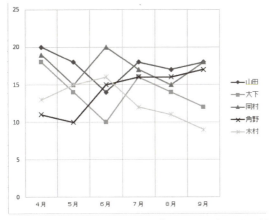

上記の例のように、クラブ活動の出席回数の推移、小テストの月ごとの変化など、データの「推移」や「変化」をみるのに適しています。注意しておきたいのは、縦軸の目盛りについてです。Excel では、入力されたデータから自動的に判別されて、縦軸の目盛り、すなわち上限と下限が設定されてグラフが作成されるのですが、こちらが意図しない上限と下限の範囲でグラフ化されることもよくあります。たとえば、上記のグラフが 100 点満点の結果であった場合（僅差の傾向を調べたいのであればよいのですが）、通常は、縦軸の上限は 25 でなく 100 にする必要があります。そうすると、上記の推移の見え方は、平坦に近い形となります。このように縦軸の上限と下限の設定によって、主観的に変化が大きくも小さくも見えるという点に注意が必要です。

グラフを図示する目的は、特徴的なデータをよりわかりやすく理解してもらうためのものです。データの全体像を示すだけならデータ表だけでいいはずですよね。グラフから何を理解してもらいたいのか、よく考えて適したグラフ形状を選びましょう。

2　グラフを実際に作成してみよう

それでは、第8講の**図表8-9**をもとに、グラフを作成してみましょう。

1　生徒個人の教科別の「棒グラフ」を作成する

手順❶　[挿入] ボタンをクリックすると、リボンのなかにグラフの種類が表示されます。

図表22-4　Excelの [グラフ] ボタン

手順❷データ表のなかから、グラフにしたいデータをドラッグで範囲指定をします。

図表22-5　データの範囲指定の例

	A	B	C	D	E	F	G	H
1	出席番号	氏名	国語	算数	英語	理科	社会	合計点
2	1	浅田　和人	85	82	90	78	92	427
3	2	今井　優子	90	78	93	75	88	424

手順❸　[グラフ] グループのなかから、[縦棒] を選び、さらに詳細なグラフの種類を選択します（ここでは、[集合縦棒] を選んでみましょう）。すると、画面内にグラフが表示されます。しかし、縦軸は 70 〜 95 点に自動設定されています。

図表22-6　グラフの種類選択

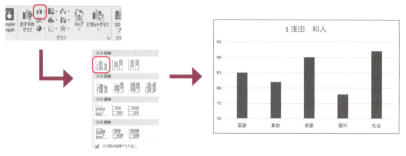

図表22-7　グラフの書式設定

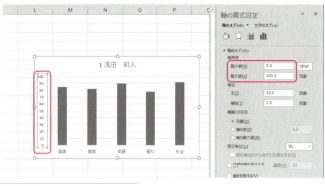

手順❹縦軸を 0 〜 100 点に修正するために、グラフ内の縦軸そのものをクリックし、マウスの右ボタンから [軸の書式設定] を選択します。そこで、[境界値] の最小値（下限）を「0」、最大値（上限）を「100」と入力します。すると、縦軸の上限と下限が修正されたグラフが作成できます。

なお、このグラフを選択した状態で、[ホーム] リボンから [コピー] を選び、Wordなど、他のソフトウェアで [貼り付け] を選ぶと、グラフがそのまま他のソフトウェア上で使用できます。

【参考】グラフエリアの構成要素の名称（縦棒グラフの場合）

図表22-8　縦棒グラフの例

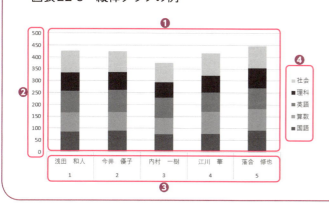

❶プロットエリア：グラフ自体の領域です。
❷値軸（縦軸）：データ系列の数値を段階的に表す縦軸です。
❸項目軸（横軸）：データ系列の項目を表す軸です。
❹凡例：グラフで示された値を識別するための情報です。

2　複合グラフを作成する

　複数種のデータを1つのグラフの中に表示する場合、グラフの形が同じであると読み間違いが生じるなど、見にくく感じてしまうことがあります。そこで、棒グラフと折れ線グラフなどのように、異なるグラフ種を複合させることにより、判別しやすくするという方法があります。

　また、2つのデータを同時表示する際、それぞれのデータの単位が異なる場合にも、複合グラフの作成は可能です。

手順❶データエリアから、グラフに示す対象（複数のデータ種）を選択して、まずはいずれかのグラフを選択し、作成します（以下の例では、棒グラフを選択しています）。

図表22-9　複合グラフの作成

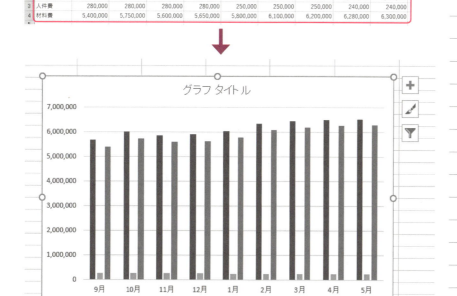

複合グラフにすると、異なる複数のデータの関係性や連動性を意識して見ることができますね。

手順❷棒グラフのなかから、グラフの種類を変更したいデータ種（系列）を1か所クリックします（ここでは「給食費全体」を選択。どこでもＯＫ）。すると、その対象のデータ種すべてが指定されていることを表すマークが上下に示されます。

図表22-10　種類を変更する棒グラフの選択例

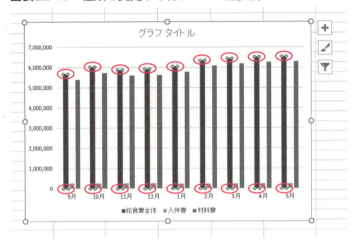

手順❸そこで、［折れ線グラフ］をクリックして、［マーカー付き折れ線］を選んでみましょう。すると、グラフの種類を変更したいデータ種（系列）が折れ線グラフに変わり、「複合グラフ」になります。

図表22-11　グラフの種類の選択例

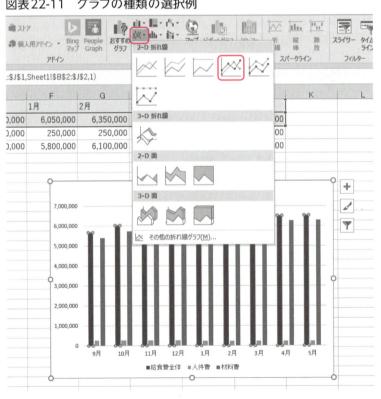

図表22-12　複合グラフの完成例

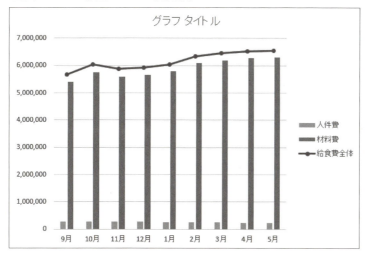

ちゃんとわかったかな?

課題にチャレンジ

<課題>

　自分で複数のデータ種（系列）のあるデータ表を自由に作成し、それをもとに、ここまでのグラフの作成方法の手順を参考にしながら、オリジナルの複合グラフを作成してみましょう。完成したら、印刷して担当教員に提出してください。

複合グラフの例

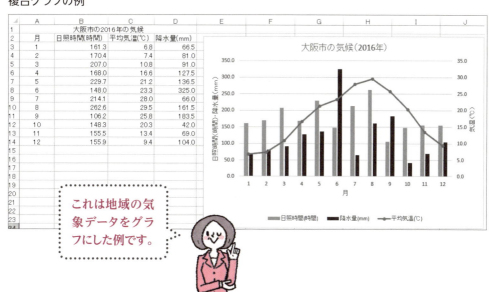

これは地域の気象データをグラフにした例です。

Excelでさまざまなデータを活用しよう（2）
──データをもとに多様な分析や成績評価をする

理 解 の ポ イ ン ト

ここまで、Excelについては、表やグラフの作成、関数機能の使い方など、基本的な操作方法について学んできました。そこで、本講では、データを扱う上での注意点や、得られたデータをどう扱い、解釈すればよいのか、そしてさらなる分析方法などについても解説していきます。正しいデータの扱い方を理解して、Excelを有効に使えるようになりましょう。

少し難しい内容ですが、データの種類を誤って処理してしまうと、おかしな解釈をして、みんなに誤解を与えてしまうことがあります。正しく理解しましょう。

1 データの種類と特徴

　私たちが、日常扱うデータにはさまざまな種類があります。ここまで扱ってきたようなテストの点数もデータですが、健康診断で測定される身長や体重、体育祭の順位、ホームルームの時間に賛否を問うた結果もデータです。しかし、これらのデータの性質には、異なる点があります。

　たとえば、「長さ」は定規の目盛りでいうと0が基点となり、1cmと2cmの間も2cmと3cmの間も等間隔です。そして、差や倍数などで違いを説明することも可能です。ところが、「順位」はどうでしょうか。1位、2位、3位……と、同じく数値で表記されますが、1位と2位、2位と3位の間が等間隔であるとは限りません。このように、データを計算したり、分析したりするときには、まず、データの種類と、扱ってもよい分析条件を理解しておかなければなりません。少し説明が難しいですが、がんばって理解しましょう。

図表23-1　データの種類

【量的データ（連続変数）】

比例尺度：数値間が等間隔で、0を基点にとらえ、比率的に意味があるので加減乗除の演算が可能なものをいいます。
　（例）　**身長や体重、出席回数**

間隔尺度：数値間は等間隔ですが、比率的な意味をもたないので、和や差のみ演算が可能なものをいいます。
　（例）　**テストの点数、気温**

【質的データ（離散変数）】

順序尺度：順序や大小には意味があるが、等間隔でないもの。
　（例）　**通知票の評定値、アンケートの段階評定**

名義尺度：区分されるために名づけられたもの。
　（例）　**性別、クラス、アンケートの賛・否**

このように、データにもさまざまな種類があるのですが、この違いをなぜ理解しておかなければならないのでしょうか。その一例として、「順序は平均値で扱ってはいけない」ということがあります。なぜなら、上記の通り、順序では差の間隔が説明できないので、1位と僅差の「2位」でも、大差の「2位」でも、データ上は同じ「2」なので、平均値で差を説明しようとすると不公平になりますよね。

しかし、Excelの画面上では、テストの点数も、順位も同じように数値として入力することになってしまいます。そして、関数機能を使えば、機械的に計算した結果も表示されます。Excelは、文字データなのか、数値データかなのかは見分けてくれますが、量的データなのか、順序データなのか、までは自動的に判断できません。ですから、データを扱う人間のほうが、分析や解釈にあたって、「その扱い方が正しいか」どうかを判断できなければならないのです。

 ## 2　教育評価の基準とルール

さて、教育評価を実施するにも、さまざまな観点と留意事項があります。具体的には、以下のような観点があります。

> （1）　いつ、どの時点について評価するのか？（例：年度初め、学期末）
> （2）　何について評価するのか？（例：学業成績、特別活動の記録）
> （3）　どのようなデータによって評価するのか？（例：量的データ、質的データ、記述データ）

まず、(1)「いつ、どの時点について評価するのか？」については、次の3つの時期において評価を行う必要があるとされています。

> 診断的評価：学習指導の事前に行う評価で、指導計画の策定に有効です。
> 形成的評価：指導過程の途中で行う評価で、個々の進捗状況を把握します。
> 総括的評価：学習指導の事後に行う評価で、学習成果を確認します。

これら3つの時期の評価を通じて、児童・生徒の一人ひとりが、完全に学習内容を習得することができるよう評価理論を考え出したのが、アメリカの教育学者ブルームです。上記のうち、特に「形成的評価」と、それによって必要となる場合の補習の重要性を主張しています。

次に、(2)「何について評価するのか？」、(3)「どのようなデータによって評価するのか？」については、数値データを中心に扱うことになる学習活動の成績と評価について説明します。教師の仕事のうち、教育評価、特に成績の決定方法には、次のような基準があります。

教師の仕事として、とても重要な内容の一つが教育評価です。評価の目的や方法を正しく理解しましょう。

> **絶対評価（目標に準拠した評価）**：あらかじめ教師によって設定された学習目標に対し、どの程度到達できたかにより成績を決定する方法です。
> **相対評価（集団に準拠した評価）**：学習指導をする集団のなかの位置づけ（順位等）によって成績を決定する方法です。

それでは、Excelのデータ表をもとに、成績の決定のあり方について取り組んでみましょう。第8講の**図表8-9**から、「国語」の成績を抽出して考えていきます。

手順 まずは、「国語」の成績について、「降順（高い値から低い値へ）」に、第8講で学んだ「並べ替え」機能を使って、並べ替えてみましょう。
さらに、その結果に基づき、順位を入力していきましょう。

図表23-2　成績順位の入力例

	A	B	C	D	E
1	出席番号	氏名	国語	順位	評定
2	1	浅田　和人	85		
3	2	今井　優子	90		
4	3	内村　一樹	75		
5	4	江川　華	78		
6	5	落合　修也	92		
7	6	加藤　佳美	80		
8	7	岸田　悠	65		
9	8	工藤　美咲	83		
10	9	検見川　裕太	98		
11	10	古賀　凛	75		
12	11	佐藤　淳	82		
13	12	志賀　はるか	80		
14	13	須藤　美紀	62		
15	14	瀬川　春樹	78		
16	15	園田　早希	80		
17	16	立川　瞬	83		
18	17	千野　律也	95		
19	18	津島　友梨香	72		
20	19	寺田　雄一郎	78		
21	20	戸田　しおり	85		
22		教科別平均点	80.8		

→

	A	B	C	D	E
1	出席番号	氏名	国語	順位	評定
2	9	検見川　裕太	98	1	
3	17	千野　律也	95	2	
4	5	落合　修也	92	3	
5	2	今井　優子	90	4	
6	1	浅田　和人	85	5	
7	20	戸田　しおり	85	5	
8	8	工藤　美咲	83	7	
9	16	立川　瞬	83	7	
10	11	佐藤　淳	82	9	
11	6	加藤　佳美	80	10	
12	12	志賀　はるか	80	10	
13	15	園田　早希	80	10	
14	4	江川　華	78	13	
15	14	瀬川　春樹	78	13	
16	19	寺田　雄一郎	78	13	
17	3	内村　一樹	75	16	
18	10	古賀　凛	75	16	
19	18	津島　友梨香	72	18	
20	7	岸田　悠	65	19	
21	13	須藤　美紀	62	20	
22		教科別平均点	80.8		

もし、生徒数が多く作業量が多い場合、関数機能のうち、「＝RANK」というものを用いることもできます。

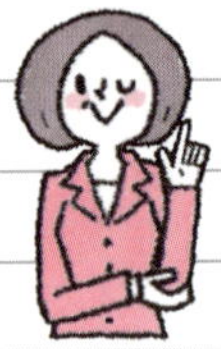

1 絶対評価の場合

「学習すべき内容を完全に理解できた」ということを言い換えれば、テストの成績が100点であったと仮定できます。これに対する到達度によって、通知票の段階評定をあらかじめ教師が設定しておく必要があります（もちろん、通常、通知票の評定は、日常の学習態度や小テストの結果など、さまざまな観点から総合的に評価されるものですが、ここではExcelの利用法を理解する目的から、期末テストの成績で決定するという例に限定します）。

(例) 絶対評価によるテストの成績に対する通知票の評定基準

図表23-3　通知表の評定基準例（絶対評価）

テストの成績	評定
95～100点	5
80～94点	4
60～79点	3
40～59点	2
0～39点	1

その結果、絶対評価では、右のように通知票の評定が決定されます。

このように、絶対評価は、児童・生徒個人の学習に対する努力の結果によって評定が決定します。その上で、教師自身が適切な基準を設定するとともに、必要とされる学力の差異が明確にできるようなテストを準備する必要があります。これにあたり、たとえば、教師が過剰にやさしいテストを用意し、クラスの全員が95点以上の成績であったならば、全員に「5」の評定を与えることになります。このテストの成績を縦棒グラフで表すと、全員の成績が上限に近い表記になることから、この現象を「天井効果」とよびます。

また、逆に、教師が過剰に難しいテストを用意し、その結果、多くの生徒の成績が低くなり、適切に児童・生徒間の学力差を説明できなくなる現象を「フロア効果」とよびます。絶対評価を導入するにあたっては、このように教師の課題の準備と評定基準の設定が非常に重要となるため、慎重を期すことが求められるのです。

図表23-4　通知表の評定例（絶対評価）

	A	B	C	D	E
1	出席番号	氏名	国語	順位	評定
2	9	検見川　裕太	98	1	5
3	17	千野　律也	95	2	5
4	5	落合　修也	92	3	4
5	2	今井　優子	90	4	4
6	1	浅田　和人	85	5	4
7	20	戸田　しおり	85	5	4
8	8	工藤　美咲	83	7	4
9	16	立川　瞬	83	7	4
10	11	佐藤　淳	82	9	4
11	6	加藤　佳美	80	10	4
12	12	志賀　はるか	80	10	4
13	15	園田　早希	80	10	4
14	4	江川　華	78	13	3
15	14	瀬川　春樹	78	13	3
16	19	寺田　雄一郎	78	13	3
17	3	内村　一樹	75	16	3
18	10	古賀　凜	75	16	3
19	18	津島　友梨香	72	18	3
20	7	岸田　悠	65	19	3
21	13	須藤　美紀	62	20	3
22		教科別平均点	80.8		

＜応用＞生徒の到達目標に対する到達度をグラフで図示してみる

図表23-5　軸の書式設定の入力例

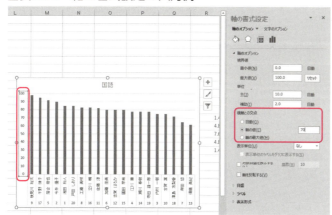

図表23-6　中央値を基準とした上下分布

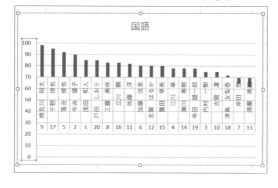

教師がクラスの児童・生徒の到達度について振り返り、分析する上で、さまざまなグラフ機能を利用し、図示して記録しておくことによって、理解が促進されるものと思われます。

ここでは、その一例として、「国語」の理解状況について確認するために、評定基準「3」の中央値にあたる「70点」を基準に、その上下の分布をグラフで表してみましょう。

まず、**図表23-4**から、ドラッグによる範囲指定で全生徒の国語の得点と氏名を選択します。次に、第22講の2「1 生徒個人の教科別の『棒グラフ』を作成する」と同じ方法で縦棒グラフを作成します。そして、次のような操作を行ってみましょう。

グラフ内の縦軸を選択し、右クリックして[軸の書式設定]を選択します。[横軸との交点]の[軸の値]を指定して、「70」と入力します。

すると、左のように、70点を基点として、到達できているか否かをグラフで確認することができます。

相対評価の場合

相対評価の場合は、前述の通り、集団のなかの位置づけ（順位等）によって通知票の評定値を決定します。その比率の目安として、以下のような基準の例があります。これは、縦軸を人数、横軸をテストの成績（右ほど点数が高いとする）とみた場合の分布を示したもので「ヒストグラム」とよびます。

統計学的には、平均点を中心にみて、平均点をとっている児童・生徒が最も多く、さらに、それよりも得点が高い生徒、低い生徒がそれぞれ均等かつなだらかに減少している形が適当であるとされています。このような分布を「正規分布」とよびます。

図表23-7　正規分布と段階評価

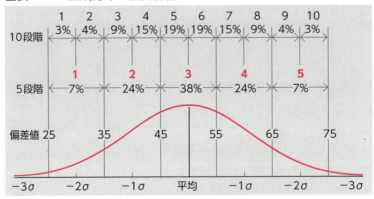

有限会社イントホームページ（http://www.intweb.co.jp/teian/SS_note.htm）をもとに作成

そこで、相対評価では、「集団の人数が多くなればなるほど、その成績の分布はおよそ正規分布に近づく」という考え方のもと、生徒を成績順に並べ、5段階評定の場合、上図の通り、5…7%、4…24%、3…38%、2…24%、1…7%を目安に成績を決定することになります。ただし、人数が少なければ正規分布が適用されることが不適切であることや、教育者の立場として、より多くの児童・生徒が学習内容を十分に理解できることを目指して指導していることを考えると、不本意に「1」や「5」の評定を行わざるを得ないことにもなりかねません。よって、成績の決定にあたっては、ヒストグラムを作成するなどして、評定が適当であるかをよく考える必要があります。

さて、このような問題をふまえつつ、前述のルールに基づき、この講で使用している「国語」のテストの得点データをサンプルに成績を決定するとすれば、以下のようになります。

（例）相対評価によるテストの成績順位に対する通知票の評定基準

図表23-8　通知表の評定基準例（相対評価）

評定	存在比率	20人×比率	近似値
5	7%	1.4	1
4	24%	4.8	5
3	38%	7.6	8
2	24%	4.8	5
1	7%	1.4	1

その結果、相対評価では、以下のように通知票の評定が決定されます。

図表23-9　通知表の評定例（相対評価）

	A	B	C	D	E
1	出席番号	氏名	国語	順位	評定
2	9	検見川　裕太	98	1	5
3	17	千野　律也	95	2	4
4	5	落合　修也	92	3	4
5	2	今井　優子	90	4	4
6	1	浅田　和人	85	5	4
7	20	戸田　しおり	85	5	4
8	8	工藤　美咲	83	7	3
9	16	立川　瞬	83	7	3
10	11	佐藤　淳	82	9	3
11	6	加藤　佳美	80	10	3
12	12	志賀　はるか	80	10	3
13	15	園田　早希	80	10	3
14	4	江川　華	78	13	3
15	14	瀬川　春樹	78	13	3
16	19	寺田　雄一郎	78	13	3
17	3	内村　一樹	75	16	2
18	10	古賀　凜	75	16	2
19	18	津島　友梨香	72	18	2
20	7	岸田　悠	65	19	2
21	13	須藤　美紀	62	20	1
22		教科別平均点	80.8		

同順位が複数人いるために「3」と「2」の評定者数が調整されています。

ちゃんとわかったかな？

課題にチャレンジ

<課題>

　第8講で作成したクラスのテスト成績一覧表を利用して、算数、英語、理科、社会についても、絶対評価、相対評価による通知表の評定を試みてみましょう。表の作成ができたら、担当教員に提出しましょう。

通知表を作成してみましょう。

絶対評価値の例

	A	B	C	D	E	F	G	H	I	J	K	L
1	出席番号	氏名	国語	評定	算数	評定	英語	評定	理科	評定	社会	評定
2	1	浅田　和人	85	4	82	4	90	4	78	3	92	4
3	2	今井　優子	90	4	78	3	93	4	75	3	88	4
4	3	内村　一樹	75	3	70	3	85	4	63	3	83	4
5	4	江川　華	78	3	93	4	80	4	70	3	95	5
6	5	落合　修也	92	4	90	4	88	4	85	4	92	4
7	6	加藤　佳美	80	4	78	3	83	4	70	3	80	4
8	7	岸田　悠	65	3	70	3	60	3	50	2	80	4
9	8	工藤　美咲	83	4	95	5	90	4	82	4	98	5
10	9	検見川　裕太	98	5	93	4	100	5	88	4	98	5
11	10	古賀　凜	75	3	60	3	75	3	70	3	90	4
12	11	佐藤　淳	82	4	85	4	80	4	75	3	83	4
13	12	志賀　はるか	80	4	73	3	78	3	68	3	78	3
14	13	須藤　美紀	62	3	90	4	75	3	70	3	92	4
15	14	瀬川　春樹	78	3	82	4	70	3	85	4	88	4
16	15	園田　早希	80	4	75	3	82	4	78	3	85	4
17	16	立川　瞬	83	4	80	4	95	5	84	4	90	4
18	17	千野　律也	95	5	98	5	90	4	90	4	100	5
19	18	津島　友梨香	72	3	80	4	75	3	75	3	87	4
20	19	寺田　雄一郎	78	3	85	4	70	3	80	4	90	4
21	20	戸田　しおり	85	4	82	4	88	4	73	3	80	4

PowerPoint を活用した プレゼンテーション（1）

理解のポイント

社会人として働くときには、プレゼンテーションをする機会は、必ずといっていいほどあります。
そこで本講では、コンピュータを使用したプレゼンテーションをどのように作成するのか、そのコツを学びます。

1 プレゼンテーションとは

視聴して、どのように感じたかを友達と共有しましょう。

『大辞林 第三版』（三省堂）には、「プレゼンテーション」は次のようにまとめられています。「①提示。説明。表現。②自分の考えを他者が理解しやすいように、目に見える形で示すこと。また特に、広告代理店が依頼主に対して行う広告計画の提示や、説明活動をいう。プレゼン」。

ビジネス分野でのプレゼンテーションでは「依頼主に対して行う広告計画の提示や、説明活動」の部分がそれに当たるでしょう。また高校生や大学にとっては「自分の考えを他者が理解しやすいように、目に見える形で示すこと」が適しているかもしれません。①の「提示。説明。表現。」と幅広くとらえると、幼児から大人まで、今までいくどとなくプレゼンテーションを行ってきています。

検索サイトで、TED（Technology Entertainment Design）というWebサイトを表示して、どれか一つのプレゼンテーションを視聴してみましょう。

TEDは、世界の著名人が、自分たちの経験や成功・失敗事例を紹介するトークショーといえるでしょう。

図表24-1 「TED」のウェブサイト

https://www.ted.com/talks?language=ja（2017年6月18日参照）

2　スライド作成の留意点

　単なるトークだけではなく、スライドに関連する写真や文字などを合わせて見せることで、自分の表現したいことを他者により伝わりやすくすることができます。

　ここでは4月の入学式の後、クラスで着席している子どもたちに、担任の先生が最初に説明するスライドを、以下のように作成してみました。

　スライドの構成は、起承転結で何を伝えるかを考えることから始めます。

図表24-2　スライドの構成

❶

（起）スライド❶
「みなさんへ」が強調され、大切な話をすることを伝えます

❷
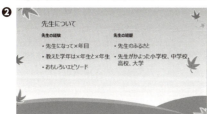

（承）スライド❷
入学式後、先生ともはじめてなので、まず先生の紹介

❸

（転）スライド❸❹
クラスみんなで守ってほしいことなどを伝えます

❹
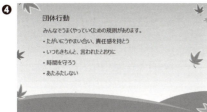

❺

（結）スライド❺
楽しく、仲よくすごしましょう、と締めくくります

3 PowerPointの機能と基本画面の説明

　プレゼンテーションをするための資料を作成するソフトの一つにPowerPointがあります。前頁の5枚のスライドもPowerPointで作成しました。まず画面構成とファイルの保存、開く手順について確認します。

図表24-3　PowerPointの画面構成

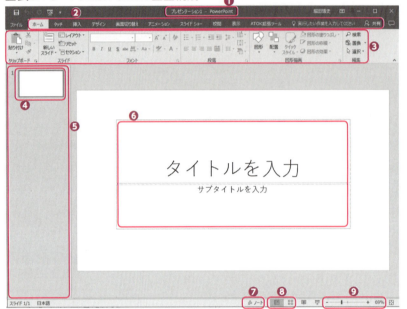

❶タイトルバー：保存するファイル名やソフトウエア名が表示
❷タブ：[挿入]や[デザイン]をクリックすると、それぞれのリボンが表示
❸リボン：タブごとにリボンが設定され、目的のボタンが表示
❹スライドのサムネイル：スライドの縮小版が表示
❺アウトラインペイン：スライドの順序の変更などができる
❻プレースホルダ：文字や写真、グラフなどを挿入する領域
❼スライドの内容に関するメモ（プレゼン用の読み原稿など）を入力
❽左：標準と右：一覧を切り替え
❾スライダーをドラッグして画面表示サイズを調整

4 ファイルの保存、ファイルを開く

図表24-4　ファイルの保存手順

手順❶ [ファイル]→[名前を付けて保存]をクリックします。
手順❷ 保存する場所を指定して、ファイル名を入力して[保存]をクリックします。

図表24-5　ファイルを開く手順

手順❶ [ファイル]→[開く]をクリックします。
手順❷ ファイルの保存場所を指定して、ファイル名を選択して[開く]をクリックします。

5 スライドの複製

手順❶ PowerPointを起動して、テンプレート一覧から、[新しいプレゼンテーション]をクリックして、スライドを開きます。

> 写真やイラストは、他者の著作物としての権利を尊重して利用します。リンクされているライセンスなどをよく読みましょう。

図表24-7　スライドのメニュー

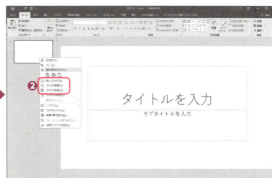

手順❷ スライド1のサムネイルを選択して、右クリックすると、メニューのなかに以下が表示されます。[新しいスライド][スライドの複製][スライドの削除]。新たにスライドを作成するだけではなく、スライドの一部だけを変更してスライドをつくり直したいときはスライドの複製が便利です。なお、スライドを移動したいときは、スライドを目的の位置までドラッグ＆ドロップします。

6 オンライン画像の挿入

図表24-8　画像の挿入手順

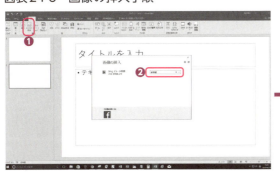

手順❶❷画像の挿入
[挿入]タブのリボン[画像]から[オンライン画像]をクリックして、イメージ検索の枠に、新学期 など検索したいキーワードを入力します。検索結果の写真やイラストが一覧表示されます。ここでは、画像は挿入しません。

オンラインテンプレートの「小学校の新学期用プレゼンテーション」を使用して、スライドを作成していきます。

図表24-9　テンプレートの選択例

手順❸ [ファイル]タブをクリックして、[新規]を選択。
手順❹ 右側の検索候補にある[プレゼンテーション]をクリックし、「小学校の新学期用プレゼンテーション」をダブルクリックして開きます。

図表24-10　テンプレートの利用例

以下のスライドを残して、他は［スライドの削除］で整理します。

スライド1　生徒のみなさんへ
スライド2　時間割
スライド4　先生について
スライド8　クラスの目標
スライド9　団体行動
スライド23　みんなで楽しい一年にしましょう！

次に、以下のスライドに修正をします。

図表24-11　スライドの作成例①

❶

スライド❶（手順❺）
適当な学年・クラスとみなさんの氏名を入力します

スライド❷（手順❻）
時間割には何も追加しません

スライド❸（手順❼）
みなさんの経験や経歴を入力します

スライド❹（手順❽）
クラス目標に自分の考えたことを追加します

スライド❺（手順❾）
団体行動に自分の考えたことを追加します

スライド❻（手順❿）
どんなクラスにしたいのか、自分の想いを〇〇〇に置き換えてください

図表24-12　スライドの作成例②

❷

図表24-13　スライドの作成例③

❸

図表24-15　スライドの作成例⑤

❺

図表24-14　スライドの作成例④

❹

図表24-16　スライドの作成例⑥

❻

プレゼンテーションに備えて

手順⑪ [表示]タブのリボン[プレゼンテーションの表示]には5つの表示方法があります。
標準は、左側にスライドのサムネイルがあり、右側でスライドを作成する構成です。

図表24-17　スライドの作成例⑥

図表24-18　[スライド一覧]例

↑ [スライド一覧]は、すべてのスライドを一覧で表示して、選択できるような構成です。

[閲覧表示]は、実際にプレゼンテーションを行うスライドショーの実行をします。終了は、キーボードの[ESC]を押します。

> 完成したスライドを友達や担当教員に見せて、プレゼンテーションの練習をしましょう。

図表24-19　ノートの入力画面

↑ [ノート]は、スライド毎にプレゼンテーションで話をする内容などを書き込むことができます。

ちゃんとわかったかな?

課題にチャレンジ

> 完成したスライドを友達に見せて、文字の大きさ、色合いのバランスなどさまざまな意見をもらいましょう。

＜課題＞

以下のようなスライドを作成して、担当教員に提出します。

1. オンラインテンプレート：「ファセット」を選択
2. スライドを複製または新しいスライドにして、4枚のスライドで構成

　スライド❶：氏名と自己紹介を入力

　スライド❷：生年月、星座、出身高校、趣味、好きな芸能人を入力

　スライド❸：卒業後につきたい職業、10年後の私に一言を入力

　スライド❹：座右の銘、その言葉を選んだ理由を入力

PowerPoint を活用した プレゼンテーション（2）

プレゼンテーションの素材として作成されるスライドには、聴き手をひきつけるために、写真や動画、オーディオ、グラフなどの視覚的な要素を織り交ぜることもあります。
そこで本講では、スライドにグラフやビデオ、オーディオを配置、スライドの切り替えやアニメーション機能を習得します。

第24講の「Power
Pointを活用した
プレゼンテーション
（1）」を学んでか
ら、この講にチャレ
ンジしましょう。

1 まず準備をします

　オンラインテンプレートの「ナチュラルな生活のプレゼンテーション」を使用して、スライドを作成していきます。

図表25-1　テンプレートの選択例

↑PowerPointを起動して、オンラインテンプレート：[ナチュラルな生活のプレゼンテーション]をダブルクリックして開きます。

図表25-2　タイトルの入力例

↑スライド1のタイトルに「私の生活スタイル」、下段に氏名を入力してください。

2 ファイルの保存、ファイルを開く

図表25-3　ファイルの保存手順

手順❶ [ファイル]→[名前を付けて保存]をクリックします。
手順❷ 保存する場所を指定して、ファイル名を入力して[保存]をクリックします。

図表25-4　ファイルを開く手順

手順❶ [ファイル]→[開く]をクリックします。
手順❷ ファイルの保存場所を指定して、ファイル名を選択して[開く]をクリックします。

3 グラフ・SmartArtの挿入

スライド3を選択してSmartArtを挿入します。

図表25-5　SmartArtの挿入

手順❶ [タイトルを入力] に、「平均的な1日の時間配分」と入力します。
手順❷ [SmartArtグラフィックの挿入] をクリック。

図表25-6　SmartArtの選択

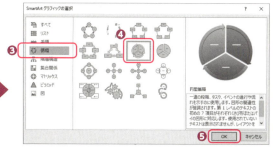

手順❸❹❺ [循環]のなかの[円型循環]を選び、[OK]ボタンをクリックします。

図表25-7　SmartArtの使用例①

図表25-8　SmartArtの使用例②

手順❻ 1週間のなかで、平均的な1日をイメージして、上右図のように、各自の24時間の配分を記入します。

155

スライド4を選択して、グラフを作成します。

図表25-9　タイトルの入力

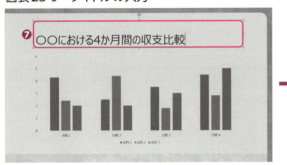

手順❼ ［タイトルを入力］をクリックして、「○○における4か月間の収支比較」と入力します。○○には、各自に適した、「自宅通学」や「下宿生活」「寮生活」などと入力しましょう。

図表25-10　グラフデータの編集

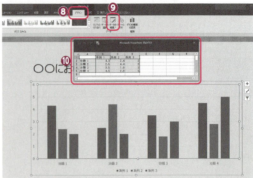

手順❽❾❿グラフの枠内をクリックして、メニューバーの［デザイン］タブのリボン［データの編集］をクリックし、グラフのデータを編集します。

図表25-11　セルの入力例

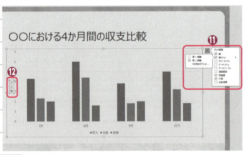

←セルA2～A5までには、今日が11月だとしたら、直前の月から4か月を入力します。セルB1、C1、D1には、それぞれ「収入」「衣服」「食事」と入力し、各月のアルバイト代やおこづかいの収入、衣服代や食事代の支出を入力します。単位は万円で、4.3は43,000円を表します。

図表25-12　グラフの縦軸設定

←グラフの縦軸には数字が表示されていますが、単位がわかりません。そこで、軸ラベルをつけます。
手順⓫グラフをクリックすると、グラフの右上角に［＋］が表示されますので、クリックして、軸ラベルの［第1縦軸］にチェックを入れます。
手順⓬軸ラベルを「単位（円）」に修正します。

スライド5を選択して、「タイトルを入力」に、「私の休日」と入力して、下段の「テキストを入力」には、みなさんの一般的な休日のすごし方を入力しましょう。

図表25-13　タイトルの入力

私の休日

4　ビデオ・オーディオの貼り付け

スライド6を選択してWebサイトのビデオを挿入します。

図表25-14　Webサイトのビデオ挿入方法

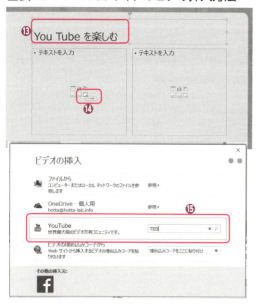

手順⑬ [タイトルを入力]に、「YouTubeを楽しむ」と入力します。
手順⑭ [ビデオの挿入]をクリックして
手順⑮ [YouTube]の枠内に第24講で学んだ「TED」と入力して、
キーボードの[Enter]を押します。
検索結果で表示されたものから、1つ選択して[挿入]ボタン
をクリックします。

図表25-15　オーディオの挿入方法

スライド7から13までは削除します。

↑スライドの右枠には、オーディオを挿入します。
（**手順⑯**）[挿入]タブのリボン[オーディオ]で[こ
のコンピュータ上のオーディオ]を選択して挿入
します。ここでは、実際にオーディオの挿入はし
ません。

5　画面切り替え・アニメーション

次のスライドに移るときに、画面に切り替え効果をつけます。

図表25-16　スライド一覧の表示例

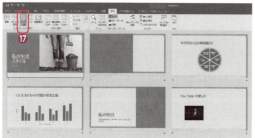

手順⑰ [表示]タブのリボン[プレゼン
テーションの表示]から[スライ
ド一覧]を選択します。

スライド1からスライド2に移るときに、画面に切り替え効果をつけま
すので、まずスライド1を選択します。次に次頁の**図表25-17**の手順で、
切り替え効果を設定します。

手順⑱[画面切り替え]タブのリボン[画面切り替え]から「スプリット」を選択します。

手順⑲リボン[プレビュー]をクリックして、画面切り替えを確認してください。

図表25-17　画面の切り替え効果の設定例

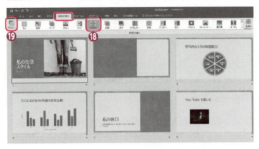

図表25-18　アニメーションの設定例

手順⑳スライド1の写真をクリックします。

手順㉑[アニメーション]タブのリボン[アニメーション]から、「ランダムストライプ」（**手順㉒**）を選択します。リボン[プレビュー]をクリックして、アニメーションを確認してください。アニメーション効果が有効の場合は、選択した写真の左肩に数字が表示されます。

同じ要領で、スライド3からスライド4に移るときに、[画面切り替え]から「ブラインド」、スライド5からスライド6に移るときに、[画面切り替え]から「ハチの巣」を選択してみましょう。

次に、左図の手順でスライドの内容（文字や写真など）に動き（アニメーション）をつけます。

同じ要領で、スライド3のグラフをクリックして、[アニメーション]タブのリボン[アニメーション]から「スライドイン」を選択します。また、スライド4には、リボン[アニメーション]から「ズーム」を選択しましょう。

アニメーション効果を無効にするときは、リボン[アニメーション]から、「なし」を選択します。選択した写真の左肩の数字が消えます。

6　スライドショーの実行

作成したスライドを次々と進めていく処理をスライドショーといいます。

図表25-19　スライドショーの設定例

手順㉓スライドショーは、[スライドショー]タブのリボン[スライドショーの開始]で始まります。
[最初から]をクリックすると、スライド1からスライドショーが始まります。
[現在のスライドから]は、選択しているスライドからスライドショーが始まります。
[オンラインプレゼンテーション]は、他のユーザがプレゼンテーションをWebブラウザで閲覧できます。
[目的別スライドショー]は、すべてのスライドから特定のスライドを選択してスライドショーが展開できます。

　一般に、プレゼンテーションを行うときは、[最初から]または[現在のスライドから]を選択します。

図表25-20　リハーサルの設定例

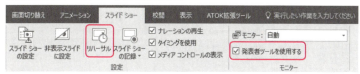

↑[スライドショー]リボンにある[設定]グループの[リハーサル]では、プレゼンテーションで必要とする時間を計測します。
[モニター]の[発表者ツールを使用する]にチェックを入れると、プロジェクタなど外部出力モニターを接続したときには、表示されるスライドの他に、次に表示するスライドも小さく表示されます。

完成したプレゼンテーションをスライドショーの実行で、友達や担当教員に見せましょう。

ちゃんとわかったかな？

課題にチャレンジ

＜課題＞

　右のようなスライドを作成して、担当教員に提出します。

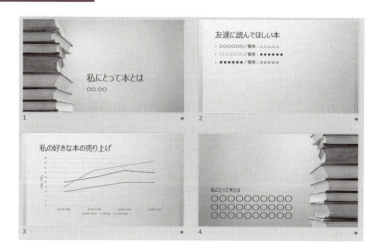

＜手順＞

1. オンラインテンプレート：「青の本の山のプレゼンテーション」を選択
2. スライド4、5、7から11までを削除して、以下の4枚のスライドで構成
　　スライド1：「私にとって本とは」と氏名を入力
　　スライド2：「友達に読んでほしい本」を3冊（書名と著者名）入力
　　スライド3：右の表（実際の売り上げ冊数とは異なります）をグラフに入力、軸ラベルに「単位：万冊」と入力
　　スライド4：「私にとって本とは」を30文字程度でまとめる

		データ系列1	データ系列2	データ系列3
		ハリー・ポッター	君の名は	ノルウェーの森
カテゴリ1	2017年上半期	10	8	6
カテゴリ2	2017年下半期	12	15	8
カテゴリ3	2018年上半期	15	17	10
カテゴリ4	2018年下半期	14	19	10
				（単位：万冊）

3. スライド1からスライド2に移るときに、[画面切り替え]から「プッシュ」、スライド3からスライド4に移るときに、[画面切り替え]から「風」を選択
4. スライド3のグラフをクリックして、[アニメーション]タブのリボン[アニメーション]から「バウンド」を選択

WordとExcelで差し込み印刷（1）

理解のポイント

Excelでつくった名簿を利用した差し込み印刷について学びます。ここでは、差し込み印刷の基本を、個人面談の日時を保護者に伝える文書を事例としてとりあげ、児童名と個人面談の予定日時を差し込んで印刷する方法を学びます。

1 差し込み印刷について知る

1 校務文書を効率的につくる

　たとえば、個人面談の日時を児童や保護者に伝える文書をつくることを想定してみましょう。

　個人面談の時間は児童によってすべて異なります。ですので、個人面談の日時を保護者に伝える文書には大きく2通りの方法が考えられます。

　一つは、全員の個人面談の日時を1つの表にまとめて作成し、全員に同じ文書を配布するというものです。

　もう一つは、挨拶文など同じ文面に、氏名や面談日時など一人ひとりで異なる内容を適宜挿入して、1枚1枚異なる文書を作成する方法です。他の児童の日時を知らせることなく、当人の日時だけが明確にわかる文書になります。

　1枚1枚違う文書にするため、手間どると思われがちですが、このような文書は、実は1枚ずつつくるのではなく、WordとExcelを使った「差し込み印刷」という方法で簡単にできます。

　差し込み印刷を覚えると、封筒や葉書の宛名書きや賞状の名前記入などに応用できます。それでは、差し込み印刷の基本的な方法を具体的に学びましょう。

2 差し込み印刷のためのデータをつくる

1 Excelで名簿と日時一覧をつくる

　Excelは、今までの講で学んだように、表を作成し、入力したデータを

集計したり分析したりすることができるソフトウェア（アプリケーション）です。しかしExcelは数値だけでなく、文字もデータとして扱うことができるのです。たとえば、児童の名前順に住所のデータが入った表を、「並べ替え」ボタンで簡単に住所別に並べなおすことができます。

それでは、早速Excelで名簿をつくってみましょう。ここでは、第9講で使用した住所録を利用し、面談日時を入力することにします。

第9講で使用したExcelの住所録には、すでにA列から順に「出席番号」「氏名」「性別」「郵便番号」「住所」「電話番号」が入力されています。この続きにあたるG列に「面談日」、H列に「面談時間」を入力します。

差し込み印刷を行うにあたっては、1行目はデータの見出し名を入れておくことを忘れないでください。もし、1行目が見出し名ではなく個人の情報が入っている場合は、上に行を挿入して見出しをつくってください。

では、個人面談の日および時間を入力していきましょう。G列には「○月○日（火）」、もしくは「○日（火）」など、保護者に渡すプリントを意識して入力しましょう。ここで入力したデータがそのまま印刷されることになります。H列の時間も同じく、どこに印刷されるかを意識して入力するとよいでしょう。

図表26-1　Excelでデータを作成

	A	B	C	D	E	F	G	H
1	出席番号	氏名	性別	郵便番号	住所	電話番号	面談日	面談時間
2	1	浅田　和人	男	598-0099	大阪市鶴岡区今井北3-1	0699-82-1041	7月3日(水)	15:00～15:15
3	2	今井　優子	女	598-0097	大阪市鶴岡区米田5-3-302	0699-83-5242	7月2日(火)	15:15～15:30
4	3	内村　一樹	男	598-0097	大阪市鶴岡区米田2-1	0699-83-9247	7月2日(火)	17:00～17:15
5	4	江川　華	女	598-0099	大阪市鶴岡区今井北43-2	0699-82-6320	7月2日(火)	16:00～16:15
6	5	落合　修也	男	598-0097	大阪市鶴岡区米田旭町12-5	0699-83-4888	7月4日(木)	17:00～17:15
7	6	加藤　佳美	女	598-0097	大阪市鶴岡区米田8-7	0699-83-9276	7月3日(水)	16:00～16:15
8	7	岸田　悠	男	598-0099	大阪市鶴岡区今井新町2-5	0699-83-9735	7月2日(火)	15:30～15:45
9	8	工藤　美咲	女	598-0099	大阪市鶴岡区今井赤坂3-4	0699-82-8135	7月2日(火)	16:30～16:45
10	9	梯見川　裕太	男	598-0097	大阪市鶴岡区米田5-4	0699-83-2948	7月4日(木)	15:15～15:30
11	10	古賀　凜	女	598-0099	大阪市鶴岡区今井新町15-1	0699-82-5732	7月3日(水)	15:30～15:45
12	11	佐藤　淳	男	598-0097	大阪市鶴岡区米田1-1-102	0699-83-2549	7月4日(木)	16:00～16:15
13	12	志賀　はるか	女	598-0097	大阪市鶴岡区今井北6-3	0699-82-7100	7月4日(木)	16:30～16:45
14	13	須藤　美紀	女	598-0099	大阪市鶴岡区今井赤坂12-25	0699-82-4723	7月2日(火)	15:00～15:15
15	14	瀬川　春樹	女	598-0099	大阪市鶴岡区今井北4-7	0699-82-5969	7月4日(木)	16:00～16:15
16	15	園田　早希	男	598-0099	大阪市鶴岡区米田5-3-401	0699-82-2485	7月3日(水)	16:45～17:00
17	16	立川　瞬	女	598-0097	大阪市鶴岡区米田旭町4-8	0699-83-6399	7月2日(火)	16:45～17:00
18	17	千野　律也	男	598-0099	大阪市鶴岡区今井西町10-1	0699-82-1085	7月4日(木)	15:00～15:15
19	18	津島　友梨香	女	598-0097	大阪市鶴岡区米田5-1-203	0699-83-4631	7月3日(水)	16:30～16:45
20	19	寺田　雄一郎	男	598-0097	大阪市鶴岡区米田5-2-207	0699-83-0198	7月2日(火)	15:30～15:45
21	20	戸田　しおり	女	598-0099	大阪市鶴岡区今井新町2-10	0699-82-9525	7月3日(水)	15:15～15:30

すべての入力が終わったら、入力間違いがないか確認しましょう。問題がなければ「面談日時一覧」など、名前をつけて保存して終了します。

2　Wordでテンプレート文書をつくる

次に、Wordでテンプレート文書をつくりましょう。「テンプレート」とは「ひながた」という意味です。今回の場合、「個人面談の日時決定のお知らせ」といったタイトルや、冒頭の挨拶文、個人面談を行うことについて、問い合わせ先など、同じ文面の部分と、個人名と面談日時を挿入する場所を設定したものだと考えてください。

Word文書を新規作成し、必要な文字を入力していきます。児童の氏名、

プラスワン

セルの書式設定

Excelの設定によっては、面談日など日付を入力した際、自動的に表示形式が変換される場合がある。「セルの書式設定」で自分が表示したい形式を選択するとよい。
また、入力した日付等をそのまま表示させたいときは、「'」（アポストロフィ〈shiftキー＋7〉）を先頭に入力してから日付等を入力する。

この表は、p.58の図表9-1を流用して作成しましょう。

面談日および時間を挿入する部分には、必要な空白をつくっておきます（**❶**）。

　保護者への文書作成は最初は難しく感じますが、時候の挨拶、伝えるべき必要な事項を整理し、簡潔に書くように心がけましょう。最後に、あらかじめ設定した面談日時に不都合が生じた場合の対処方法も加えておきましょう。

　今回は、1学期の7月初旬に行う個人面談のお知らせという設定で、文章を考えてみてください。面談日時のお知らせですから、そのお知らせがあまり遅いと保護者も困りますので、6月下旬にはだせるよう準備しましょう。

　以下に、例を示しますが、このような定型文書は、各学校で定まっている場合もあります。その場合は学校の指示に従ってください。

図表26-2　個人面談を知らせるおたよりのテンプレート例

保護者宛のおたよりでは、その時期に合った時候文が添えられています。4月から3月まで、各季節、各月の時候文を調べたり、考えたりしてみましょう。

❸ 差し込み印刷の設定をする

　ここまで準備ができたら、Excelでつくった名前と面談日時のデータを、このWordのテンプレート文書に差し込むことができるように設定します。

　［差し込み文書］（**❷**）ボタンをクリックします。そのリボンのなかにある［宛先の選択］（**❸**）をクリックし［既存のリストを使用］（**❹**）をクリックします。

　すると、［データファイルの選択］ダイアログボックスがでてきますの

図表26-3　差し込み印刷の設定(1)

図表26-4　差し込み印刷の設定(2)

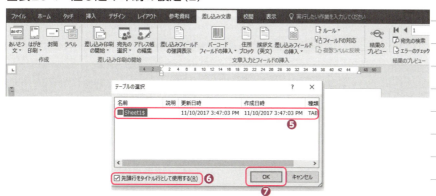

で、そこでExcelでつくっておいた「面談日時一覧」ファイルを選択します。選択すると［テーブルの選択］ダイアログボックスがでてきますので、ここでは1番上の「sheet 1$」(❺) を選びます。そのとき、下部にある［先頭行をタイトル行として使用する］(❻) にチェックが入っているか確認してください。入っていない場合はチェックを入れてください。以上で［OK］(❼) ボタンを押します。

　一見、何の変化も見られませんが、ここで、［差し込み文書］のリボンにある［差し込みフィールドの挿入］(❽) をクリックしてみてください。下に「氏名」や「面談日」「面談時間」などがと並んで表示されているのがわかります。これで、先につくったExcelのデータをWordの文書に差し込むことができるようになりました。

図表26-5　差し込みフィールドの挿入

　挿入先を指定します。あらかじめ文書に空白をつくっておいたところにカーソルをもっていき、先ほどの［差し込みフィールドの挿入］(❽) から必要なデータ名をクリックしてください。

　たとえば、「氏名」を印刷したい場所にカーソルを挿入し、そこで［差

し込みフィールドの挿入］から「氏名」を選択すると、その場所に《氏名》というふうに表示されます（❾）。「面談日」「面談時間」も同様に挿入しましょう。これで完成です。

図表26-6　おたよりに挿入

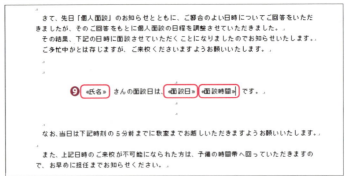

それでは、実際に一人ひとり印刷されるのかどうか確認してみましょう。

［差し込み文書］リボンの右の方にある［結果のプレビュー］（❿）ボタンをクリックします。すると、1人目の印刷画面が表示されます。［結果のプレビューボタン］の横にはページ数を追って確認できるボタンなどがあるので（⓫）、1枚ずつ確認してみましょう。三角のボタンを使用して1ページごと（一人ずつ）確認することもできますし、確認したいページを直接入力（⓬）して確認する（⓭）ことも可能です。

図表26-7　結果のプレビュー

図表26-8　ページを指定して確認

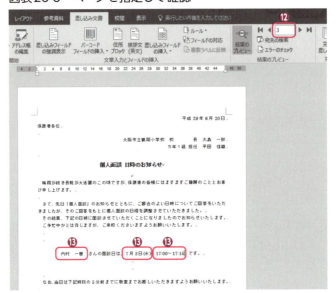

すべての確認が終わったら、［完了と差し込み］をクリックし、［個々の
ドキュメントを編集］をクリックします。すると、［レター］と一番上に
表示され、1ページずつ自動的につくられます。最後に印刷をすれば完成
です。これで、一人ずつに当人宛の「お知らせ」が配布できるようになり
ました。

　［レター］を保存するかどうかですが、枚数が多いとその分データも大
きくなります。レターは保存せず、「テンプレート」だけ保存して、必要
に応じて［個々のドキュメントを編集］すればよいでしょう。

　なお、一度閉じた後は、ExcelのデータファイルとWordの文書ファイ
ルは連携しているので、保存場所を移動させたりすると認識しなくなるの
で注意してください。

住所や電話番号などの個人情報の流出を防ぐためにも、テンプレートだけの保存がよいでしょう。

第26講

WordとExcelで差し込み印刷(1)

課題にチャレンジ

<課題>

　個人面談を知らせるおたよりのテンプレート例をもと
に、個人面談を知らせるおたよりを作成しましょう。住
所録は本講で作成した下表のデータを用いてください。

	A	B	C	D	E	F	G	H
1	出席番号	氏名	性別	郵便番号	住所	電話番号	面談日	面談時間
2	1	浅田　和人	男	598-0099	大阪市鶴岡区今井北3-1	0699-82-1041	7月3日(水)	15:00〜15:15
3	2	今井　優子	女	598-0097	大阪市鶴岡区米田5-3-302	0699-83-5242	7月2日(火)	15:15〜15:30
4	3	内村　一樹	男	598-0097	大阪市鶴岡区米田2-1	0699-83-9247	7月3日(水)	17:00〜17:15
5	4	江川　華	女	598-0099	大阪市鶴岡区今井北43-2	0699-82-6320	7月2日(火)	16:00〜16:15
6	5	落合　修也	男	598-0097	大阪市鶴岡区米田旭町12-5	0699-83-4888	7月4日(木)	17:00〜17:15
7	6	加藤　佳美	女	598-0097	大阪市鶴岡区米田8-7	0699-83-9276	7月3日(水)	16:00〜16:15
8	7	岸田　悠	男	598-0099	大阪市鶴岡区今井新町2-5	0699-82-9735	7月3日(水)	15:30〜15:45
9	8	工藤　美咲	女	598-0099	大阪市鶴岡区今井赤坂3-4	0699-82-8135	7月2日(火)	16:30〜16:45
10	9	検見川　裕太	男	598-0097	大阪市鶴岡区米田5-4	0699-83-2948	7月4日(木)	15:15〜15:30
11	10	古賀　凛	女	598-0099	大阪市鶴岡区今井新町15-1	0699-82-5732	7月3日(水)	15:30〜15:45
12	11	佐藤　淳	男	598-0097	大阪市鶴岡区米田1-1-102	0699-83-2549	7月4日(木)	16:00〜16:15
13	12	志賀　はるか	女	598-0099	大阪市鶴岡区今井北6-3	0699-82-7100	7月4日(木)	16:30〜16:45
14	13	須藤　美紀	男	598-0099	大阪市鶴岡区今井赤坂12-25	0699-82-4723	7月2日(火)	15:00〜15:15
15	14	瀬川　春樹	女	598-0099	大阪市鶴岡区今井北4-7	0699-82-5969	7月4日(木)	16:00〜16:15
16	15	園田　早希	男	598-0097	大阪市鶴岡区米田5-3-401	0699-83-2485	7月4日(木)	16:45〜17:00
17	16	立川　瞬	女	598-0097	大阪市鶴岡区米田旭町4-8	0699-83-6399	7月2日(火)	16:45〜17:00
18	17	千野　律也	男	598-0099	大阪市鶴岡区今井西町10-1	0699-82-1085	7月4日(木)	15:00〜15:15
19	18	津島　友梨香	女	598-0097	大阪市鶴岡区米田5-1-203	0699-83-4631	7月3日(水)	16:30〜16:45
20	19	寺田　雄一郎	男	598-0097	大阪市鶴岡区米田5-2-207	0699-83-0198	7月2日(火)	15:30〜15:45
21	20	戸田　しおり	女	598-0099	大阪市鶴岡区今井新町2-10	0699-82-9525	7月3日(水)	15:15〜15:30

WordとExcelで差し込み印刷（2）

理解のポイント

前講に続き、WordとExcelを活用した差し込み印刷について学びます。ここでは、印刷の段階で起きた不具合の修正やデータの追加の方法などを学び、校務文書の作成をより効率よく行うことができるようにします。

1 データを修正する

1 データそのものを修正する

差し込み文書を確認しているときに、入力間違いや表示がずれるなどの不具合がみつかることがあります。ここでは、それらへの対応について学びましょう。

面談の日など、データそのものを間違えて入力していた場合は、一度Wordのテンプレート文書ファイルを終了させ、Excelのデータファイルを開き、Excel上で該当か所を修正します。修正したExcelファイルを上書き保存して終了し、再びWordのテンプレート文書ファイルを開くと、修正が反映されます。

2 Word上での表示方法を修正する

今回の「面談の日時のお知らせ」のような短いデータの場合は、表示が崩れるということはほとんどありません。しかし、封筒に貼るための住所ラベルなどを作成するときには、住所がWord上で予定していたスペースに収まらない、長い住所のものだけ2行に分けて表示したい、などによって修正が必要になることがよくあります。葉書への差し込み印刷の場合にも、住所が長いためラベルのなかに収まらないということもしばしばあります。

このような場合は、Excelのデータが間違っているわけではないので、Word上で修正します。

[差し込み文書] のリボンから [完了と差し込み] を選び、[個々のドキュメントを編集] をクリックします。すると、レターが作成され、一人ひとりの文書が全部表示されますので、必要な部分を選んで個別に修正していきます。

プラスワン

長いデータの処理

住所など、差し込むデータが長くなるものについては、元のデータを2つに分けるなどの工夫をすることで、印刷の失敗が少なくなる。たとえば、住所データのうち、町名の前までを「住所1」、町名以降を「住所2」と分けて、Excelでデータ化し、Wordの差し込み位置を2行にすると、住所が途中で切れたりすることが少なくなり便利。

2 差し込み印刷を使いこなす

1 差し込むデータを追加する

　住所録などは、差し込むデータを必要に応じて追加して、常に最新のものに保つ必要があります。

　そのようなときは、Excelでのデータの修正と同様、Wordで作成したテンプレート文書ファイルを一度閉じ、Excelでデータを追加して上書き保存します。そして、Wordテンプレート文書ファイルを開いて、改めて[完了と差し込み]から[個々のドキュメントを編集]を選択すれば、追加されたデータ分も反映されたレターが作成されます。

2 条件に合うデータだけを差し込み印刷する

　クラス全員ではなく、ある条件に合う児童のデータのみ文書に差し込み印刷をしたいという場合はどうすればよいでしょうか。

　ここでは、前講で作成した面談日時一覧から、「7月2日(火)」に面談をする児童のみを選択し、差し込み印刷をするという設定で説明します。

　Wordのテンプレート文書ファイルを開きます。

　[差し込み文書](❶)リボンから[アドレス帳の編集]ボタン(❷)をクリックします。すると、[差し込み印刷の宛先]というダイアログボックス(❸)が表示されます。

図表27-1　アドレス帳の編集

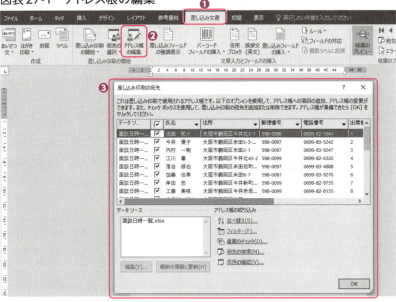

　この[差し込み印刷の宛先]ダイアログボックスでは、Excelでの並べ替えボタンのようにデータを並べ替える(ソートする)ことができます。最初は、Excelでの入力通りに表示されていますが、タイトル行を選択す

ると、そのタイトル行を最優先して並べ替えて表示することもできます。
では、例として「7月2日(火)に面談する児童」のみを選択してみましょ
う。このまま7月2日の児童を選び、7月2日以外の児童のチェックを
外しても構いませんが、時間もかかり、選択ミスをする可能性もあります。

　そこで、並べ替える対象は面談日なので、「面談日」のタブ（❹）をクリッ
クしてみましょう。面談日ごとにソートされて表示されます。こうすると、
チェックをつけたり外したりするよりもミスが少なくなります。

図表27-2　「面談日」で並べ替え

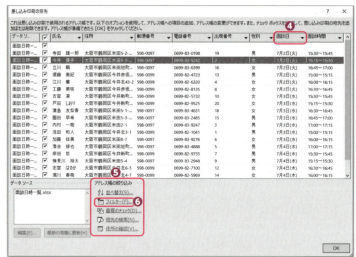

また、［フィルター］を使用し、自動で選択する方法もあります。
　先ほどの［差し込み印刷の宛先］ダイアログボックスの下の方に［アド
レス帳の絞り込み］（❺）というグループがあり、そのなかに［フィルター］
（❻）と書かれたボタンがあります。その機能を使い、自動的に振り分け
て表示させてみましょう。
　［フィルター］をクリックすると、新たに［フィルターと並べ替え］（❼）
というダイアログボックスがでてきます。［レコードのフィルター］（❽）

図表27-3　フィルターと並べ替え

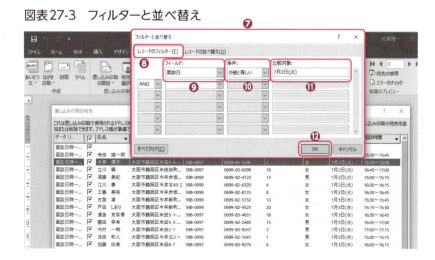

「並べ替え」や「フィ
ルター」を使いこな
すことで、必要な
文書だけを印刷す
るといったことも可
能になります。

を選択します（通常は［レコードのフィルター］が選択された状態でダイアログボックスが開きます）。

　今回は「7月2日(火)に面談する児童」をフィルタリングしたいので、［フィールド］欄（❾）から「面談日」を選択します。そこで、［条件］欄（❿）に自動的に「が値と等しい」と表示されたことを確認してください。もし違うものが表示されている場合は、［条件］欄から「が値と等しい」を選択してください。

　最後に「比較対象」欄（⓫）に「7月2日(火)」と入力します。このとき、全角や半角の違いも認識しますので、Excelでデータを入力するときから全角・半角などをそろえておくようにします。

　最後に［OK］（⓬）をクリックしましょう。［差し込み印刷の宛先］ダイアログボックスには「7月2日(火)」の児童だけが表示されている（⓭）ことを確認してください。

　これで［OK］（⓮）をクリックし、［結果のプレビュー］（⓯）を確認すると、フィルターをかけた児童のみが印刷できる状態になっていることがわかります。

図表27-4　フィルターをかけた結果の表示

この状態で、[完了と差し込み] を選択し、[個々のドキュメントを編集] をクリックすると、先ほどのフィルターの結果に該当する児童の [レター] だけが作成されています。確認してみましょう。

3 さまざまな差し込み印刷

1 封筒に貼るラベルに住所を印刷する

　前講と本講で学んだことを活かして、さまざまな場面で差し込み印刷を活用しましょう。葉書の宛名印刷や、封筒に貼る宛名ラベルの作成も差し込み印刷を活用すれば簡単にできます。

　[差し込み印刷の開始] から [ラベル] を選んでみましょう。[ラベルオプション] のダイアログボックスが表示され、[ラベルの製造元] （❶） や [製品番号] （❷） 等で検索すれば、Word がそのラベル用紙にあったレイアウトを自動的に作成します。そこにあらかじめExcelでつくっておいた住所録を差し込み印刷すればよいわけです。

図表27-5　ラベルオプション

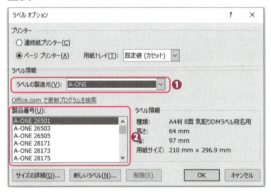

2 ExcelとWordを使いこなす

　今回は、差し込み印刷の方法について学びましたが、ExcelとWordを使う方法を覚えていくと、校務文書作成の負担もかなり減ります。差し込み印刷での学びを機に、ExcelやWordのさまざまな機能について、興味をもって学んでくださることを期待します。

差し込み印刷を覚えると、校務文書の作成がぐんと進みます。

課題にチャレンジ

＜課題＞

　生活科や総合的な学習の時間などで、児童一人ひとりの学びの成果やがんばりを認める表彰状を作成するという業務を想定し、児童一人ひとりに宛てた表彰状を作成してみましょう。表彰状のテンプレートはフリーの枠線を探してつくってみてください。賞状はWordで作成し、グループのメンバー名とそれぞれにどのような名前の賞をプレゼントするか、その文面も考えてExcelでデータを作成してください。

　例の表彰状のテンプレートは、「Office テンプレート」〈https://www.michrosoft.com/ja-jp/office/pipc/〉から「賞状」で検索したものを使用しました。各自で探してつくってみましょう。

表彰状の例

差し込みデータの例

	A	B	C
1	出席番号	氏名	がんばったこと
2	1	浅田　和人	計算ドリル
3	2	今井　優子	社会見学のまとめ新聞づくり
4	3	内村　一樹	サッカーの試合
5	4	江川　華	放送委員として給食時間の放送を企画
6	5	落合　悠也	英単語コンテスト
7	6	加藤　佳美	学級委員長
8	7	岸田　悠	マラソン大会優勝
9	8	工藤　美咲	うさぎの飼育係
10	9	検見川　裕太	図書室で借りた冊数と読書の量
11	10	古賀　凜	理科の自由研究
12	11	佐藤　淳	英語の勉強
13	12	志賀　はるか	運動会のチアリーダーとしてクラスをまとめた
14	13	須藤　美紀	料理コンテストで園田さんと一緒に取り組み優勝
15	14	瀬川　春樹	防災ポスターコンクール入賞
16	15	園田　早希	料理コンテストで須藤さんと一緒に取り組み優勝
17	16	立川　瞬	算数の勉強
18	17	千野　律也	漢字ドリル
19	18	津島　友梨香	書道で入選
20	19	寺田　雄一郎	児童会役員
21	20	戸田　しおり	合唱コンクールでのリーダー

171

Scratchを活用した プログラミングの体験 (1)

理解のポイント

私たちは日常的に、パソコンやスマートフォンを必要不可欠なツールとして使っています。それらの機器は、どのようなしくみで動いているかを知らなくても操作できますが、より効果的に使っていくためにはこの知識は必要で、プログラミングを体験することで理解が深まります。本講と第29講では、コンピュータの原理や可能性を実感するために、プログラミングを体験してみましょう。

1 プログラミング教育の開始

1 プログラミング教育がめざすもの

　中学校では2012年度から、技術・家庭科の技術分野において「プログラムによる計測・制御」が必修項目になっています。そして小学校でも2020年からの教育課程で**プログラミング***は必修項目となり、「日々の生活でコンピュータが活用されていること」や、「問題の解決には必要な手順があること」を子どもが意識できるようになる教育が求められています。

　この学校教育でのプログラミングの導入は、将来のエンジニアを育成することが目的ではありません。コンピュータやインターネットの活用によって社会が大きく変わってきている今、世の中の色々なものを動かしている「プログラム」を小学生のうちに体験しておこうというものです。そうすれば、コンピュータがやっていることはすべて、人間がプログラムを書いたからこそ可能になっているということが、当然だと思えるようになります。なお、小学校には新しい教科が設置されるわけではなく、既存の各教科等のなかにプログラミング教育が組み込まれます。この教育には、「コンピュータを使わない情報教育」も組み合わされ、さまざまな実習活動が行われます。

2 プログラミング体験で身につく主な能力

　プログラミングを体験することで身につく能力の一つが、コンピュータは何が得意で何が不得意かについて理解すること、つまり「コンピュータの可能性の理解」です。プログラムを書いて指示することで、コンピュータは何でもできる性質をもっています。ですから、実際に指示が書けることであれば、どんなことでもコンピュータにさせることが可能になります。指示を書くためには、大きな作業を細分化して単純化する必要が

語句説明

プログラミング
(programming)

コンピュータにさせたい命令 (program) を書くこと。

プラスワン

アンプラグド・コンピュータサイエンス
コンピュータを使わない情報教育を、アンプラグド・コンピュータサイエンス (英語では、Computer Science Unplugged) とよぶ。

あります。

　また、コンピュータは「単純な動作」を「ものすごい速さ」で処理し続ける性質ももっています。たくさんの単純な動作をものすごい速さで実行させることで、コンピュータは複雑な動作しているかのようにみえているのです。

　つまり、コンピュータに指示を与えるプログラムを書くためには、複雑な動作を抽象化したり、単純化したり、一般化したりして単純な動作に分割した上で、順序立てて指示を与える必要があります。プログラミング体験が論理的思考のトレーニングにもなるとか、生活の身近な問題を分類して論理的に解決する習慣をつけるのに役立つといわれることがあるのは、そのためです。

2 プログラムは プログラミング言語で書く

1 プログラムとは

　コンピュータの世界でプログラムという言葉を聞くと、難しそうに思えますが、日常生活において「ピアノの発表会のプログラム」や「運動会のプログラム」という使い方があるように、身近な存在でもあります。「あるものごとを行うにあたって、その流れや決まりをあらかじめ書いたもの」が、プログラムだからです。

　そして、コンピュータの世界で使われる場合には、「コンピュータをどのように動かすかという手順書」が、プログラムです。パソコンはもちろん、コンピュータゲームも駅の自動券売機もロボットも、すべてこの手順書（プログラム）で動いています。

図表28-1　運動会のプログラム

```
第○回　○○小学校　運動会プログラム
9:30 集合、10:00 スタート
＜午前の部＞
入場行進・開会式（選手宣誓）・体操
6年生　100m走『駆ける』
　　　　　　：
4・5・6年生選抜『スウェーデンリレー』
　　　　　　：
```

2 プログラミング言語とは

　コンピュータは「0」と「1」という2つの記号だけですべての情報を表現しているため、コンピュータをどのように動かすかの手順書も「0」と「1」の2つの記号だけで書く必要があります。しかし、人間がこれを直接、書くのは難しくて大変なので、人間が書きやすいように工夫された記述方法が使われています。これが「プログラミング言語」で書く方法で

「複雑な動作を抽象化したり、単純化したり、一般化したりして単純な動作に分割する」という訓練は、日常生活でもできます。通常は無意識にこなしていること、たとえば「寝る前にしていること」などを列挙してみればよいのです。大人が子どもに「寝る前には何をしてる?」と問いかけることも、子どもにとってのよい訓練になるでしょう。

173

す。書かれたプログラムは、最終的にはコンピュータのわかる「0」と「1」の命令に変換され、コンピュータを動かしています。

3 プログラミング言語の種類

プログラミング言語はたくさんあります。有名でよく利用されているものとして、C、Java、PHP、JavaScriptなどがありますが、世の中に存在するプログラミング言語は数千以上の種類があり、それぞれに特徴をもっています。しかし、表現方法が違っても、どのプログラミング言語も基本はほぼ同じです。そのため、一つが使えるようになれば、その知識を応用して別の言語を使うことも容易になります。

たくさんのプログラミング言語を分類する方法もたくさんありますが、今回は次のような項目で考えてみます。

- テキスト型なのか、グラフィック型なのか
- 汎用的なのか、教育用なのか
- アプリケーションをインストールして使うものなのか、インストールしなくてもWebブラウザ上で使えるものなのか

ここでは多くのプログラミング言語のなかから、テキスト型で汎用的なJavaScriptと、グラフィック型で教育用のScratchを紹介します。どちらも、特別なアプリケーションをインストールすることなく、Webブラウザが使える環境で動きます。そのためどちらも、たとえばコンピュータ室の共有PCに、アプリケーションをインストールするのが難しいような教育現場の環境でも、気軽に使える言語であるといえます。

4 JavaScriptの場合
～テキスト型、汎用的、ブラウザ上で動作～

JavaScriptは、テキスト型の言語です。テキストとは「文字」のことですから、キーボードからすべての命令を入力する方法で、プログラムを書いていきます。多くのテキスト型プログラミング言語は命令を英文字で書きますが、日本で主に教育を目的として、日本語で書けるテキスト型の言語（ドリトル、PENなど）も存在しています。そして、JavaScriptはWebブラウザ上で動作する汎用的なプログラミング言語です。

左のプログラムは、入力した値が偶数か奇数かを答える簡単なものです。

先に述べたように、JavaScriptではプログラムを書くために特別なアプリケー

> JavaとJavaScriptは名前が似ていますが、まったく別の言語です。

図表28-2　JavaScriptのプログラム例

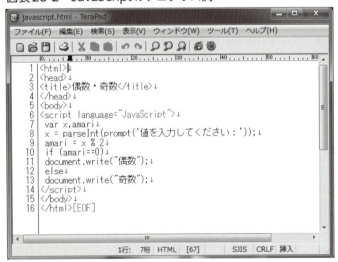

174

図表28-3　JavaScriptのプログラムをブラウザ上で実行

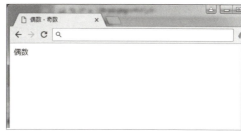

ションをインストールする必要はなく、Windowsなら「メモ帳」など、Macintoshなら「テキストエデット」など、文字が入力できる各種のエディタで書き、Webブラウザからそのファイルを開いて実行することができます。

　ただし、小学生（特に低学年）がキーボードからアルファベットを入力してテキスト型の言語を扱おうとすると、キーボードの刻印は大文字なのに、プログラムの例は小文字で書かれているためキーが探せないなど、プログラミング以外の部分で時間がかかるというデメリットがあります。

プラスワン

Scratchのプログラム
Scratchではプログラムのことを「スクリプト」とよぶが、本稿ではプログラムで統一している。

5　Scratchの場合
　～グラフィック型、教育用、ブラウザ上で動作～

　Scratchは、グラフィック型の言語で、教育用に分類されます。ブロックをはめ込む形でプログラムが書けるため、キーボード入力に時間を取られることもありませんし、プログラムの細かい書き方の規則を覚えなくても書けるため、子どもから大人まで、プログラミングの体験にはよく使われています。

　以下のScratchのプログラムは、先のJavaScriptのプログラム同様に、入力した値が偶数か奇数かを答えるもので、最初から用意されているネコのスプライト*が「値を入力して下さい」と質問し、「偶数です」あるいは「奇数です」と返事をするプログラムを書くことができます。

語句説明

スプライト

Scratchでは動かす絵のことをスプライトとよび、自分で自由に作成することができる。

図表28-4　scratchでプログラムを入力して実行

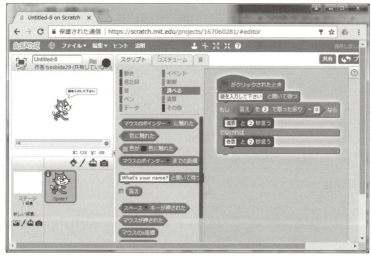

https://scratch.mit.edu/

Scratchの起動はhttps://scratch.mit.edu/を利用Scratchの操作詳細については、Scratch Japan Wiki（http://jp.scratch-wiki.info/wiki/）などをはじめとする、ネット上のマニュアルも参考にして下さい。

なお、ScratchはWebブラウザ上でプログラムを書いて動かしたり、書いたプログラムを保存したりできますが、オフライン環境でも使いたい場合には、あらかじめアプリケーションをパソコンやタブレット上にインストールしておくこともできます。

3 Scratchを使う

1 サイトにアクセスしてみよう

Scratchを使うためには、まずWebブラウザから https://scratch.mit. edu/ にアクセスします。「Scratch」と検索すればこのページを探すことができます。下図の❶で示したように、このページの一番上に、「作る」「話す」などのメニューがあるので、「作る」を選んでプログラムをつくり始めてください。起動にはFlashが使われていますので、インストールするようにという指示がでた場合は、指示に従ってFlashをインストールしてください。ユーザー登録はしなくてもプログラムをつくり始めることができます。

図表28-5　Scratchのサイトで「作る」を選べばプログラムが書ける

2 Scratchのプログラム作成例

では、Scratchのタイルを組み合わせて、簡単なプログラムを書いてみましょう。まず、スクリプトのタブから「ペン」を選び、色を「紫」に、太さを「10」にセットしています。マウスポインタをネコが追っかける方式で、100歩ずつ線を描いていきたいので、「動き」の中からは「マウスのポインタへ向ける」と「100歩動かす」を選び、「制御」のなかの「ずっと～を繰り返す」で挟んでいます。なお、「ペンを下ろす」が一筆書きのスタートの命令です。また、「100歩動かす」の後に「0.5秒待つ」を入れることで、マウスポインターを方向転換する間をつくっています。

「イベント」の「旗がクリックされたとき」を最初に置くことで、このプログラムは、窓の右上にある旗をクリックすると開始し、ずっと動き続けるプログラムになっています。そこで、プログラムを終了したいときは、左上の緑色の旗マークの右側の赤い●をクリックします。

> ✎ **プラスワン**
>
> **Scratchのユーザー登録**
> ユーザー登録時に入力する情報は、ユーザー名とパスワード、性別と国名と生年月日、そしてメールアドレスである。ユーザー登録をすれば、自分がつくったプログラムをネット上に保存して自分が利用したり、「公開」の操作をして全世界に公開したりすることもできるようになる。

> ✎ **プラスワン**
>
> **「にほんご」**
> Scratchで使用する言語は、地球儀のマークのクリックで変更できる。本文の例では、「日本語」を選択しているが、「にほんご」を選択すると、漢字が使われない以下のようなブロックが利用できる。
>
>

図表28-6　Scratch の簡単なプログラム（マウスの動きで線を描く）

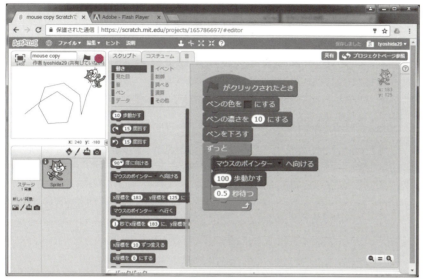

プラスワン

スクリプトのタブ
スクリプトには、「動き」「見た目」「音」「ペン」「データ」「イベント」「制御」「調べる」「演算」「その他」のタブがある。

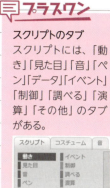

ちゃんとわかったかな？

課題にチャレンジ

<課題1>

https://scratch.mit.edu/ にアクセスし「作る」を選びましょう。右側に示したプログラムを入力してみましょう。緑色の旗がクリックされたときにプログラムはスタートし、赤い丸をクリックしたときにプログラムは終了します。

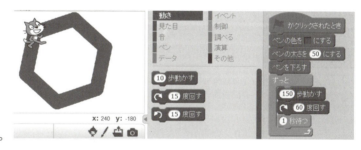

<課題2>

　人間は、日常生活で無意識にさまざまなことを考えて生活しています。たとえば、朝、起きてから家をでるまでに、私たちはどのような動作を行っているでしょうか？　どのような服を着るのか、傘を持ってでるかどうかなどはどのように決めているでしょうか？

　それをロボットにさせるなら、どのような指示をだせば、より正しい動作と判断結果をだしてくれるかを意識して、朝起きてから、傘を持つか持たずに家の玄関をでるまでの行動を図式化してみましょう。

ポイント
- 「朝、起きる」にも、手順がある（目覚まし時計の音で目を覚ます、起き上がる、ベッドからでるなど）。
- 「服を選ぶ」にも、朝の気温や今日の予定などの判断材料がある。
- 「歯磨きをする」ときも、普通の作業に加えて、歯磨き粉がなくなっているときはどうするか（例外処理）なども考える必要もある。

Scratch を活用した
プログラミングの体験 (2)

理解のポイント

第28講の「課題にチャレンジ」で考えた、人間なら無意識に行動していることをロボットにさせるとして、その指示内容を文字で記述していくのがプログラミングです。どのようなプログラミング言語で記述する場合でも、先にアルゴリズムを考えてから記述するのが効率的です。本講ではアルゴリズムと制御構造を学びながら、基本的なプログラムを書いていきましょう。

1 プログラミングとアルゴリズムの関係

1 アルゴリズムとは

　問題を解くための手順を、定式化した形で表現したものがアルゴリズムです。日常生活でも、ある仕事をするときや、ある問題を解決しようとするときには、それに必要な処理手順があります。たとえば、にんじんのいちょう切りの手順が複数あるのと同じように、同じことを実現するための方法は一つではなく、通常、複数のアルゴリズムが存在します。

　また、アルゴリズムの記述方法にはフローチャートとよばれるものを使うこともありますが、他にもいろいろな書き方が存在します。ここでは特定の記述方法を用いずに、問題に適した記述を試みながら、アルゴリズムを記述しています。

通常、プログラム(program)を書く前に、アルゴリズム(algorithm)を考えます。

2 アルゴリズムの記述

　具体例として、映画のチケット販売機を想定して、11歳以下の子どもの券、60歳以上のシニアの券、水曜日に限って女性は割り引きチケット

図表29-1　映画のチケット販売機のアルゴリズムを図で記述

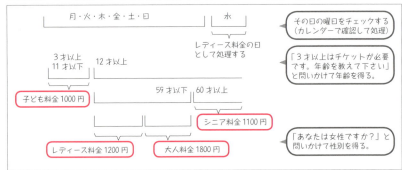

が買えるレディースの券、通常の大人の券を販売するアルゴリズムを、図で記述してみたいと思います（**図表 29-1**）。なお、それぞれの金額は、「子どもは 1000 円、シニアは 1100 円、水曜日のみレディースは 1200 円、大人は 1800 円」とします（このアルゴリズムについては 181 ページ参照）。

3　アルゴリズムからプログラムへ

なんらかの方法でアルゴリズムが記述できれば、その処理をコンピュータで実行させるためにプログラム言語で記述していきます。アルゴリズムの記述は、必ずしもコンピュータで実行することを前提に書くわけではないため、抽象度が高い場合は、より詳細化していく必要があります。先に紹介したアルゴリズムの記述例のように、最初からプログラムを書くことを意識した記述であれば、あとは自分が使うプログラミング言語の文法さえ学べば、プログラムは容易に書くことができます。

2　3つの基本制御構造

アルゴリズムの記述においては、記述内容を前から順に処理していく「逐次処理」、ある種の条件によって処理の内容を変える「条件分岐」、条件が満たされなくなるまで繰り返す「繰り返し」の３つのケースを処理する必要が生じます。これら３つを基本制御構造とよびます。

図表29-2　3つの基本制御構造

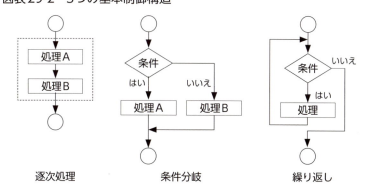

逐次処理　　　　　　　条件分岐　　　　　　　繰り返し

3　映画のチケット券売機の プログラムをScratchで書く

1　Scratchで逐次処理

では、Scratchを用いて、映画の自動券売機のプログラムを書いてみましょう。最初は逐次処理だけを使った、以下のプログラムを書いてみます。

> 画面に「3歳以上の方はチケットが必要です」「年齢を教えて下さい」と
> 表示させ、年齢を入力させた後に、「○歳ですね」と返すプログラム

　使うブロックは、「見た目」のなかの「〜と言う」、「イベント」のなかの「旗がクリックされた時」、「制御」のなかの「〜秒待つ」、「調べる」のなかの「〜と聞いて待つ」と「答え」です。

　逐次処理なので、上から順番にすべての行が実行されます。年齢の数字（半角）を入力した後、その行の右側のチェックマークをクリックすることで、「答え」にその値が入力として格納されます。最後にその「答え」を出力するような命令（最終行）を記述すれば、年齢を画面表示することができます。

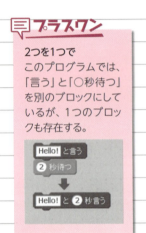
図表29-3　逐次処理

表示内容の変化

2　Scratchで条件分岐

　次に、上記の処理に条件分岐の処理を加えてみましょう。入力された年齢に応じて、以下の処理をするプログラムを書いてみます。

> 入力された年齢に応じて、「11歳以下は1000円」、「シニアは1100円」、「それ以外の場合（大人）は1800円」と答えるプログラム（レディースデーを考慮しない場合のアルゴリズム）

図表29-4　条件分岐（3分岐）

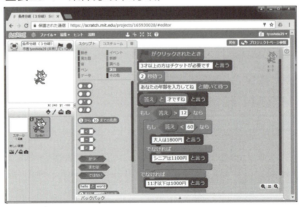

条件によって処理を変えるときは、「制御」の中の「もし～なら…」のブロックを使います。3通りに分類（3分岐）するので、「もし～なら…、でなければ…」のブロックをネストさせて（組み合わせて）、条件と結果を入力します。

このプログラムに、さらに水曜日のレディースデーの条件を加えた、以下の処理をするプログラムを書いてみます（4通りに分類・4分岐）。

> 入力された年齢に応じて、「11歳以下は1000円」、「シニアは1100円」と答えた後に、「今日は水曜日です。あなたは女性ですか？」と聞き、「レディースは1200円」と答え、「それ以外の場合（男性）は1800円」と答えるプログラム（水曜日の場合は、年齢と性別という条件によって4通りに分類する）

図表29-5　条件分岐（4分岐）

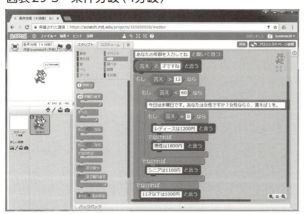

これが178ページの図表29-1「映画のチケット販売機のアルゴリズムを図で記述」をプログラムで記述したものですね。

このプログラムが、**図表29-1**のアルゴリズムの図をプログラムにしたものとなります。11歳以下の年齢を入力すると、「答え ＞12」という条件にあてはまりませんので、最後の行だけが実行されてプログラムは終了します。また、12歳以上で60歳以上の場合は、「答え ＜ 60」という条件にあてはまりませんから、「シニアは1100円」という行が実行されて、プログラムは終了します。子どもでもシニアでもない場合、女性かどうかを聞き、女性の場合とそれ以外の場合とで実行される行が違ってきます。その結果、合計4通りの結果が得られるプログラムになっています。

3　Scratchで繰り返し

レディースデーの条件が加わった水曜日のプログラムに、複数の枚数が購入できる機能を追加してみましょう。家族、全員のチケットを一度に購入するケースを想定して、以下の処理をするプログラムを書いてみましょう。

> 最初に「何枚、チケットを買いますか？」と聞くことで、その人数分の回数、すでに書いた「年齢と性別という条件により、4通りに分類する水曜日用プログラム」が実行するプログラム

図表29-6 繰り返し

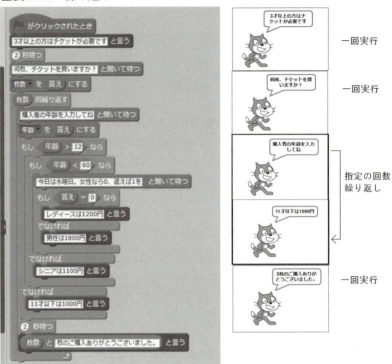

「〜と言う」と「○秒待つ」という両方の命令を使う以外に、「〜と○秒言う」という命令を使っても同じです。

　何枚のチケットを購入するかで、「○円です」という結果を判定して表示する処理のかたまりを何度、実行するかが決まります。その回数を覚えておくために、「変数」という概念を使います。変数をつくるには、「データ」のなかの「変数を作る」を利用して、今回のプログラムでは、「枚数」という名前と「年齢」という名前の2つの変数を用意して使っています。

　また、「○円です」と表示させた後に、「1秒待つ」という命令を入れておく必要があります。この命令を忘れると、コンピュータの「○円です」と「年齢を入力してね」の表示があまりに速いために、「○円です」の表示のほうが人間の目には見えないからです。

　プログラミングの体験はいかがでしたか。一見、難しいしくみで動いているかのように思えるチケット販売のシステムも、本講で紹介したような地味な命令の集まりであることが実感できたのではないでしょうか。このような体験から、複雑に思える電化製品やスマホのようなネット端末も、実は単純なしくみの集合体であることがわかってくるはずです。

課題にチャレンジ

＜課題＞

　ここまでで紹介したプログラムを少し変形させて、年齢によって金額が異なるあるテーマパークの
ワンデーパスポートのチケットの金額を教えてくれるプログラムを書いてみましょう。

　まず最初に、入力された年齢に応じて、「小人（幼児・小学生）：4〜11歳は4800円」「中人（中
学・高校生）：12〜17歳は6400円」「それ以外の場合（大人）は7400円」と答えるプログラム
を書くために、アルゴリズムを自分なりの方法で図式化してみましょう。その後、実際にScratchで
プログラムを書いてみましょう。下にサンプルプログラムを示しましたが、こちらはあくまでも一例
です。プログラム記述は十人十色です。自分で考えたアルゴリズムでプログラムを書きましょう。

アルゴリズムを好きな方法で書いてみましょう：

余力があれば、何枚購入するかを最初に聞いてその枚数を購入したり、ワンデーパスポート以外の特殊なチケットも選べるようにプログラムの機能を追加したり、実際のチケット販売の画面に近いものになるようにするなど、Scratchで出来ることを楽しんでみましょう。

サンプルプログラム

後半の振り返り

理解のポイント

第16講から第29講までの学習を終え、学校現場での情報処理やICT活用が徐々に理解できたと思います。理解を深めるためにも、繰り返し問題を解き続けることで応用力が身につきます。

そこで本講では、後半を振り返り、各講をどの程度理解できたかを確認します。また、理解度に応じた復習問題を設定していますので、それらにチャレンジしましょう。

1 第16〜29講までの理解度チェック

以下に、各講のポイントをまとめています。各講を振り返り、どの程度理解できたか、次の3つの中からあてはまると思われるものを選び、その番号を（ ）内に記入してください。

3：大変よく理解した
2：まあまあ理解した
1：理解が不十分

（ ） 第16講：後半のガイダンス／情報活用能力の調査結果について
児童・生徒の情報活用能力に注目して、特にその課題となる点を理解しつつ、どのように情報活用能力を育むのかの理解

（ ） 第17講：Wordで児童・生徒の感想文を小冊子にまとめよう（1）
授業で使える感想文集をWordでつくると想定し、製本の基礎と冊子作成の基本を理解

（ ） 第18講：Wordで児童・生徒の感想文を小冊子にまとめよう（2）
Wordで小冊子をつくるにあたって、中綴じ製本で実際につくっていくための基本を理解

（ ） 第19講：著作権
学校現場での著作権に関わる事例を通して、著作権の適用について理解

（ ） 第20講：学校放送番組（NHK for School）の活用法（1）
NHKの学校放送番組（NHK for School）の特徴を理解

（　　）　第 21 講：学校放送番組（NHK for School）の活用法（2）
NHKの学校放送番組（NHK for School）を利用した授業づくりの理解

（　　）　第 22 講：Excelでさまざまなデータを活用しよう（1）
──データの種類に応じたグラフの作成
さまざまなデータに適したグラフの作成・分析を理解

（　　）　第 23 講：Excelでさまざまなデータを活用しよう（2）
──データをもとにさまざまな分析や成績評価をする
データを扱う上での注意点や、得られたデータをどう扱い、解釈すればよいのか、そしてさらなる分析方法理解

（　　）　第 24 講：PowerPointを活用したプレゼンテーション（1）
コンピュータを使用したプレゼンテーションをどのように作成するのか、そのコツを理解

（　　）　第 25 講：PowerPointを活用したプレゼンテーション（2）
スライドにグラフやビデオ、オーディオを配置、スライドの切り替えやアニメーション機能を理解

（　　）　第 26 講：WordとExcelで差し込み印刷（1）
同じ文書の一部を少しずつ変えて印刷したい、また、複数の送り先がある郵便物の宛名ラベルをつくりたい、を実現する差し込み印刷機能の理解

（　　）　第 27 講：WordとExcelで差し込み印刷（2）
差し込み印刷機能での、印刷の段階で起きた不具合の修正や、宛名の追加といったデータの追加、修正の方法を理解

（　　）　第 28 講：Scratchを活用したプログラミング教育の体験（1）
コンピュータの原理や可能性を実感するためのプログラミング体験

（　　）　第 29 講：Scratchを活用したプログラミング教育の体験（2）
アルゴリズムと制御構造を学びながら、基本的なプログラムを理解

　　　　　／ 42 点満点

➡

第 16 講から第 29 講の理解度はどの程度でしたか？
理解度の合計点数により、以下のそれぞれの課題にチャレンジします。
18 点以下のみなさんは ➔ 2-a
19 〜 27 点のみなさんは ➔ 2-b
28 〜 32 点のみなさんは ➔ 2-c
33 点以上のみなさんは ➔ 2-d

2-a 単元テスト結果をグラフで示す

第22講「Excelでさまざまなデータを活用しよう（1）」を参考にして、以下の課題を完成させてみましょう。

＜課題＞

(1) 例のように、Excelにデータを入力し、表を作成します

出席番号	氏名	国語	算数
1	浅田和人	85	82
2	今井優子	90	78
3	内村一樹	75	70
4	江川華	78	93
5	落合修也	92	90
6	加藤佳美	80	78
7	岸田悠	65	70
8	工藤美咲	83	95
9	検見川裕太	98	93
10	古賀凛	75	60

(2) 作成した表から、以下の積み上げ横棒グラフを作成します

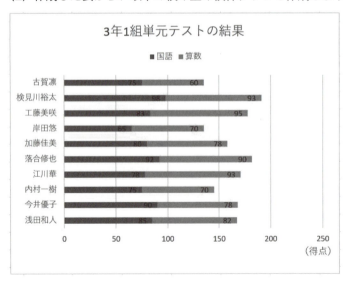

2-b プレゼンテーションスライドの作成

　第 24 講「PowerPoint を活用したプレゼンテーション（1）」を参考にして、以下の課題を完成させてみましょう。

＜課題＞

(1) オンラインテンプレート：「メインイベント」を選択

(2) スライドを複製または新しいスライドにして、4枚のスライドで構成

　　スライド１：氏名とメインイベントと入力

　　スライド２：今までで最も想い出深い出来事を、オンライン画像を挿入して入力

　　スライド３：これから想い出になると予想される出来事を、オンライン画像を挿入して入力

　　スライド４：好きな言葉とその言葉を選んだ理由を入力

メインイベントの画面

差し込み印刷によるカード作成

第26講 「WordとExcelで差し込み印刷 (1)」を参考にして、以下の課題を完成させてみましょう。

<課題>

(1) Wordでオンラインテンプレート:「新年会の座席カード」を選択

(2) 右のデータをExcelに入力

(3) 新年会の座席カードに差し込み印刷機能で下のように仕上げます

出席番号	氏名
1	浅田和人
2	今井優子
3	内村一樹
4	江川華
5	落合修也
6	加藤佳美
7	岸田悠
8	工藤美咲
9	検見川裕太
10	古賀凛

2-d 学校放送番組を有効に利用しよう

　第21講「学校放送番組（NHK for School）の活用法（2）」を参考にして、以下の課題を完成させてみましょう。

＜課題＞

　「NHK for School」の「ばんぐみ」より、あなたが小学校教員になったときに児童と一緒に視聴したい番組を5つ選び、その理由とともに以下に記入しましょう。（URL：http://www.nhk.or.jp/school）

（1）番 組 名 （　　　　　　　　　　　）
　　　視聴理由

（2）番 組 名 （　　　　　　　　　　　）
　　　視聴理由

（3）番 組 名 （　　　　　　　　　　　）
　　　視聴理由

（4）番 組 名 （　　　　　　　　　　　）
　　　視聴理由

（5）番 組 名 （　　　　　　　　　　　）
　　　視聴理由

問題1 文部科学省「教育の情報化に関する手引」（平成22年10月）で示された、情報モラルおよび情報モラル教育に関する説明として適切でないものを、次の1〜5から1つ選びなさい。
（宮城県・仙台市 2015年）

1 情報モラルは、情報社会やネットワークの特性を踏まえた指導が必要であるので、道徳などで扱われる「日常生活におけるモラル」とは全く切り離した指導を行う必要がある。

2 インターネット上での誹謗中傷やいじめ等の問題が発生しており、こうした問題を踏まえ、情報モラルについて指導することが必要となっている。

3 情報モラル教育は、問題発生の予防的な側面を主に担うものであるが、教員は問題が起きた場合の対処についても知っておく必要がある。

4 どのような教科でも、学習活動における情報活用の場面に応じて情報モラル指導を展開していくことが重要である。

5 情報モラルとは、「情報社会で適正に活動するための基となる考え方や態度」であり、情報社会に参画する上で重要なものである。

問題2 平成20年11月、文部科学省より「「ネット上のいじめ」に関する対応マニュアル・事例集」が学校・教員向けに作成された。次のア〜オのうち、「ネット上のいじめ」に関する対応として誤っているものを一つ選びなさい。
（京都府 2015年）

ア 「ネット上のいじめ」はどの学校でも、どの児童生徒にも起こりうる問題であることを十分に認識して、日頃から児童生徒が発するいじめの兆候を見逃さないことに努めることが必要である。

イ 「ネット上のいじめ」を発見する取組として、家庭や地域、教育委員会、関連企業等と連携して、「ネットパトロール」を行うことも大切である。

ウ 誹謗・中傷等の書き込みの相談が生徒・保護者等からあった場合、その内容を確認し、書き込みのあった掲示板等のURLを控えるとともに、書き込みをプリントアウトするなどして、内容を保存する。

エ 掲示板等の管理者に誹謗・中傷等の書き込みの削除依頼を行う場合は、個人情報保護の観点から、削除依頼する児童生徒またはその保護者のパソコンやメールアドレスから行うことが適当である。

オ 学校だけの対応では解決できない場合などは、法務局・地方法務局に相談して対応することも有効である。

問題3 次の各文のうち、「教育の情報化ビジョン 〜21世紀にふさわしい学びと学校の創造を目指して〜」（平成23年4月28日 文部科学省）の中の教育の情報化が果たす役割に関する記述の内容として誤っているもののみをすべて挙げているものはどれか。1〜5から一つ選べ。
（大阪府 2015年）

A 情報通信技術を活用し、その特長を生かすことによって、一斉指導による学び（一斉学習）に加え、子どもたち一人一人の能力や特性に応じた学び（個別学習）、子どもたち同士が教え合い学び合う協働的な学び（協働学習）を推進していくことができる。

B 特別な支援を必要とする子どもたちにとって、情報通信技術は、障害の状態や特性等に応じて活

用することにより、各教科や自立活動等の指導において、その効果を高めることができる点で極めて有用である。

C 実体験や対面でのコミュニケーションの充実等を図っていくことは、学校現場において一層重要性を増してくるものと考えられる。情報通信技術の可能性とともに限界にも留意しつつ、教育の情報化を推進することが重要である。

D 情報化の影の部分の対応として、情報社会で適正に活動するための基となる考え方や態度を養う子どもたちへの情報モラル教育については、子どもたちによっておかれている環境が違うこともあり、情報通信技術に詳しくない子どもに有害な情報を教えることにもなりかねない。したがって、学校では情報モラル教育を行わず、各家庭が子どもたちに指導を行うよう保護者への啓発に取り組む必要がある。

E 情報通信技術を活用することが極めて一般的な社会にあって、学校教育の場において、社会で最低限必要な情報活用能力を確実に身に付けさせて社会に送り出すことは、学校教育の責務である。

1 C　　2 D　　3 A D　　4 C D E　　5 A B E

問題4　次の各問いに答えなさい。

(兵庫県　2015年)

問1　著作権について述べている文として適切でないものを、次のア～エから1つ選びなさい。

ア 生徒がインターネットから印刷した絵やデザインを使って授業の中で発表する資料を作る場合、授業に必要な範囲で複製するのであれば問題はない。

イ 生徒が自分で使うためであれば、自宅学習の際の参考資料にするため、学校のパソコンを使いインターネットから記事をダウンロードしでも問題はない。

ウ 児童の作品を学校のホームページに載せる場合は、児童本人と保護者の了解が必要である。

エ 学校の入学試験や考査の問題として、公表された著作物である小説の一節を利用する場合には著作権者の了解が必要である。

問2　近年、スマートフォン等の長時間の利用による生活習慣の乱れや不適切な使用によりいじめの問題等につながるケースも見られるが、スマートフォン等の安心・安全な利用について述べている文として適切でないものを、次のア～エから1つ選びなさい。

ア 児童生徒がスマートフォンやソーシャルメディア等を利用する際、その留意点について親子で話し合うとともに、家庭におけるルールを作り、守らせることが重要である。

イ 学校内においては、「ネット上のいじめ」や犯罪被害の予防等を含め、児童生徒のスマートフォン等の適切な利用について配慮することが必要である。

ウ 青少年がスマートフォンを利用する際は、フィルタリングの設定は必要であるが、その他、インターネットに接続可能であるゲーム機、タブレット端末、音楽プレーヤー等においては特に必要ない。

エ 保護者は、青少年が利用するスマートフォン等を購入・契約をする際、利用者が18歳未満である旨の申出を法律上の義務として行わなければならない。

問3　情報モラル教育に関わることについて述べている文として適切でないものを、次のア〜エから1つ選びなさい。

ア　情報モラルはその大半が日常モラルであり、それに加えて基本的な情報技術の仕組みを理解しておくことが重要である。

イ　情報モラルについては、複雑に多様な問題があるように見えるが、その要因を整理すると、全ての問題はインターネットやゲームに依存することに起因する。

ウ　スマートフォン等を利用している児童生徒の多くが、インターネットの長時間利用を自覚し、学年進行とともにその自覚が高まる傾向があるため、小学校段階からのインターネット等への依存回避の啓発教育が必要である。

エ　SNSでのトラブル、コンピュータウイルスによる被害などが児童生徒の間で起こっており、安全教育の面から危険を回避するための知恵とともに、情報社会の特性や仕組みを理解し、主体的に判断する力を養うことが求められている。

問題5　次の文を読んで、設問に答えよ。

（兵庫県・神戸市　2015年）

　　小説、絵、音楽などの作品をコピーする際には、原則として著作権者の了解（許諾）を得る必要があるが、学校などの教育機関においては、その公共性から例外的に著作権者の了解（許諾）を得ることなく一定の範囲で自由に利用することができる。
　　学校における例外措置には、次のようなものがある。
　　　教員及び児童・生徒が、授業の教材として使うために他人の作品をコピーし配布する場合
（著作権法第35条第1項）
著作権者の了解なしに利用できるための条件
・営利を目的としない教育機関であること
・授業を担当する教員やその授業等を受ける児童・生徒がコピーすること
・本人（教員又は児童・生徒）の授業で使用すること
・コピーは、授業で必要な限度内の部数であること
・既に公表された著作物であること
・その著作物の種類や用途などから判断して、著作権者の利益を不当に害しないこと
・原則として著作物の題名、著作者名などの「出所の明示」をすること
〔設問〕
　　次の文は、学校における教育活動と著作権に関する文である。誤っているものはどれか。①〜⑤から1つ選び、番号で答えよ。

①　校長が、教員の職務上の参考にするために著作物を複製し教員全員に配布することは、学校の先生が自分の授業において使用するための複製（著作権法35条）には該当せず、著作権者の了解なしに複製することはできない。

②　副読本のように、学校で購入することを目的としている著作物は、例え授業で利用する目的であっても、著作権者の了解なしに複製することはできない。

③　ある放送局の歴史番組を録画して、社会の時間に生徒に見せることは、著作権の問題はない。なお、学校で必要と思われる放送番組を録画した上で校内にビデオライブラリーを設置し、先生であれば誰でも利用できるようにするようなことまでは許容されていない。

④　学校等の教育機関において、企業が省エネの啓発のために使っている漫画を、先生や児童・生徒が著作権者の了解なしに、環境問題を取り上げる授業の教材として印刷し、クラスや班のメンバーに配ることはできない。

⑤　アニメのキャラクターを使った児童の図工作品を展覧会に出品する時、基本的にはキャラクターの著作権者の許可が必要である。一般の人も見ることができるような展覧会に出品することは、授業の中で許される範囲を超えると考えられる。

問題6　下の文は、平成26年8月29日に発表された「『ICTを活用した教育の推進に関する懇談会』報告書（中間まとめ）」の一部である。(a) ～ (e) に当てはまる語句を次の語群から選んだとき、正しい組合せはどれか。次の1～6から1つ選べ。　　　　　（奈良県・大和高田市　2015年）

（略）2013（平成25）年度全国学力・学習状況調査の学校質問紙調査では、「前年度までに、コンピュータ等の情報通信技術を活用して、子供同士が教え合い学び合う学習（協働学習）や (a) の学習指導を行いましたか」という質問に対し、「よく行った」「どちらかといえば、行った」と回答した小学校及び中学校の割合は小学校 46.7％、中学校 45.2％であった。また、経済協力開発機構（OECD）の (b) 2013 では、教員が主体的な学びを引き出すことに対しての自信が低く、また「生徒が課題や学級の活動にICTを用いる」指導実践を頻繁に行う教員の割合が、全参加国・地域の中で (c) であった。

さらに、OECDが16歳から65歳の成人を対象に実施した国際成人力調査（PIAAC）では、我が国は、(d)、数的思考力の2分野において平均得点で参加国中第1位であったが、「ITを活用した (e)」については、我が国はコンピュータ調査を受けずに紙での試験を受けた者の割合が多く、OECD加盟国平均並みの10位という結果であった。

これらの様々な調査結果から、ICTを活用した教育について、各国と比べると遅れている現状が見受けられるため、その取組を推進する必要がある。

〈語群〉　ア　課題発見・解決型　　イ　一斉指導型　　ウ　個別学習型
　　　　　エ　国際教員指導環境調査（TALIS）
　　　　　オ　生徒の学習到達度調査（PISA）　　カ　最下位　　キ　第10位
　　　　　ク　読解力　　ケ　判断力　　コ　計算力　　サ　問題解決能力
　　　　　シ　プレゼンテーション能力　　ス　文章表現能力

　　　　1　a-ア　b-オ　c-キ　d-ケ　e-シ
　　　　2　a-ア　b-エ　c-カ　d-ク　e-サ
　　　　3　a-イ　b-エ　c-キ　d-ケ　e-ス
　　　　4　a-イ　b-オ　c-カ　d-コ　e-サ
　　　　5　a-ウ　b-エ　c-カ　d-ク　e-シ
　　　　6　a-ウ　b-オ　c-キ　d-コ　e-ス

A　授業の中でICTを効果的に活用し、指導方法の改善を図りながら、児童生徒の学力向上につなげていくことが重要である。

B　児童生徒の興味・関心を高めるためであるならば、単に映像を見せるだけではなく、指導のねらいや児童生徒の実態に応じた題材や素材を教員が十分吟味して選んでいくことが重要である。

C　各教科等でのICTを活用した学習活動は、総合的な学習の時間などにおける問題解決や探究活動につながっていくことに配慮する必要がある。

D　児童生徒が安心してICTを活用できるようフィルタリング機能の措置を講じたり、情報セキュリティの確保などに十分配慮したりすることが必要である。

E　教員がICTを活用して情報を提示することは、教員による発問、指示や説明とも関係が深く、一定の教科にしぼった指導場面で実施する必要がある。

```
    A B C D E
1   ○ × ○ ○ ○
2   ○ ○ ○ ○ ×
3   ○ × × × ○
4   × ○ ○ ○ ○
5   × ○ × × ×
```

(1)「情報モラル」とは、「情報社会で適正に活動するための基となる（ア）」のことであり…（中略）…、その範囲は、「他者への影響を考え、人権、知的財産権など自他の権利を尊重し情報社会での行動に責任をもつこと」、「危険回避など情報を正しく安全に利用できること」、「コンピュータなどの情報機器の使用による健康とのかかわりを理解すること」など多岐にわたっている。

(2)悪口や差別表現などを伴う誹謗や中傷は、民法上の不法行為や刑法上の（イ）名誉棄損罪などに当たる行為であり、社会的に許されないことなど、法令を踏まえた社会常識を身に付けさせる指導を行うことも大切である。

(3)校外での調査活動において、調査協力者の権利の保障は重要である。調査に協力してくれる方の著作権、（ウ）、個人情報などに関する権利を大切にする活動を行うことを通じて、これらの権利を尊重する態度を養う。

(4)児童生徒がインターネットに起因する問題の加害者にも被害者にもならないよう、教員が関連する法令の知識をもって、児童生徒の指導に当たる必要がある。…（中略）…著作権処理をせずに音楽や映像を（エ）に投稿したり、ソフトウェアを違法コピーしたりすることなどが法に触れることがあることを教員がしっかり認識しておくべきである。

	ア	イ	ウ	エ
①	考え方や態度	侮辱罪	肖像権	ファイル共有サイト
②	考え方や態度	不正アクセス行為の禁止	プライバシー	ネットゲームサイト
③	考え方や態度	侮辱罪	プライバシー	ファイル共有サイト
④	実践力や行動	不正アクセス行為の禁止	肖像権	ネットゲームサイト
⑤	実践力や行動	侮辱罪	肖像権	ネットゲームサイト

問題9 　教育の情報化について、次の（1）、（2）の各問いに答えなさい。

（佐賀県　2015 年）

（1）ICT 利活用教育の ICT とは何の略か。次の（ア）〜（エ）から 1 つ選び、その記号で答えよ。

　　（ア）Internet Communication Technology

　　（イ）Information and Communication Technology

　　（ウ）International Communication Technology

　　（エ）Innovation and Communication Technology

（2）「教育の情報化に関する手引」（平成 22 年 10 月 22 日　文部科学省）に関する次の①、②の各問いに答えよ。

① 　手引では情報モラル教育の基本的な考え方として、次のように規定している。

　　　（　）に入る言葉を下の（ア）〜（エ）から 1 つ選び、その記号で答えよ。

　　「情報モラル」とは、「情報社会で適正に活動するための基となる（　）」である。

　　（ア）資質や能力　　（イ）知識や技術　　（ウ）考え方や態度　　（エ）理解や表現

② 　手引では情報教育の目標を、次の 3 つの観点に整理している。（　）に入る言葉を下の（ア）〜（エ）から 1 つ選び、その記号で答えよ。

　　A　情報活用の実践力

　　B　情報の科学的な理解

　　C　（　　　　　　　　　）

　　（ア）情報社会に参画する態度　　（イ）情報社会と共存する態度

　　（ウ）情報社会と共生する姿勢　　（エ）情報社会を振興する姿勢

問題10 　次の文章は、「中学校学習指導要領解説　総則編（平成 20 年 9 月）第 3 章　教育課程の編成及び実施　第 5 節　教育課程実施上の配慮事項　10　情報教育の充実、コンピュータ等や教材・教具の活用」の一部である。（　）に当てはまる語句を、下の選択肢からそれぞれ 1 つ選び、記号で答えなさい。ただし、同じ番号には同じ語句が入るものとする。

（宮崎県　2015 年）

　（①）とは、「情報社会で適正な活動を行うための基になる考え方と態度」であり、具体的には、他者への影響を考え、人権、知的財産権など自他の権利を尊重し情報社会での行動に責任をもつことや、危険回避など情報を正しく安全に利用できること、コンピュータなどの情報機器の使用による健康とのかかわりを理解することなどであり、ネットワークを利用する上での責任について考えさせる学習活動、基本的なルールや法律を理解し（②）のもたらす問題について考えさせる学習活動、知的財産権などの情報に関する権利を尊重することの大切さについて考えさせる学

195

習活動、トラブルに遭遇したときの（③）について考えさせる学習活動、基礎的な（④）について考えさせる学習活動、健康を害するような行動について考えさせる学習活動などを通じて、小学校段階の基礎の上に、（①）を確実に身に付けさせることが必要である。

ア　情報リテラシー　　イ　情報セキュリティ対策　　ウ　有害情報
エ　情報モラル　　　　オ　フィルタリングの設定　　カ　ICT能力　　キ　情報機器
ク　主体的な解決方法　ケ　違法な行為

問題1　解答　1

1　×　「教育の情報化に関する手引（平成22年10月）」「第5章 学校における情報モラル教育と家庭・地域との連携」第2節で、「情報モラルは、道徳などで扱われる「日常生活におけるモラル（日常モラル）」が前提となる場合が多く」とされている。「日常生活におけるモラル」と切り離した指導では効果がない。

2　○　第1節の「1.情報モラル教育の基本的な考え方」で、選択肢の内容が示されている。「問題」として、インターネット上での誹謗中傷やいじめのほか、犯罪や違法・有害情報などをあげている。

3　○　第3節の「（4）問題への対処に関する知識」で、選択肢の内容が示されている。具体的な対処方法として、児童生徒・保護者等からの相談によって問題を把握したうえで、書き込み内容やURLの確認・保存（プリントアウト）、掲示板管理者などやプロバイダへの削除依頼なども把握し、教育委員会と協力して、日頃から警察や法務局・地方法務局との連携体制を構築することがあげられている。

4　○　第2節「2.情報モラルの各教科等における指導例」（5）で、選択肢の内容が示されている。そのうえで、学校活動・社会生活のさまざまな場面で情報モラルを学び、適正な判断に基づいた行動を実践する考え方・態度を養う必要があるとしている。

5　○　第1節「1.情報モラル教育の基本的な考え方」で、選択肢の内容が示されている。情報モラル教育は、情報教育の一部として、「情報活用の実践力」「情報の科学的な理解」との連携を図り、それら全体のバランスの中で指導する必要があるとしている。

問題2　解答　エ

ア　○　「『ネット上のいじめ』に関する対応マニュアル・事例集（学校・教員向け）」「第1編　マニュアル編」「1.『ネット上のいじめ』とは」の（1）のなかで「インターネットの持つ匿名性から、安易に誹謗・中傷の書き込みが行われるため、子どもが簡単に被害者にも加害者にもなる」と述べられている。これは、どの学校でも、どの児童生徒にも起こりうる問題ということにつながる。また、「学校では子どもたちが出すいじめの兆候を見逃さず、『ネット上のいじめ』に対応していく必要があります」とも述べられている。

イ　○　マニュアル編の「2.『ネット上のいじめ』等の事例と対応」の（2）のなかで、選択肢の内容が述べられている。

ウ　○　マニュアル編の「2.『ネット上のいじめ』等の事例と対応」の（2）のなかで、選択肢の内容が述べられている。

エ　×　マニュアル編の「2.『ネット上のいじめ』等の事例と対応」の（2）のなかでは「個人のパソコンやメールアドレスは使わず、学校等のパソコンやメールアドレスから行うことが適当です。また、削除依頼を行うメールについて、個人の所属・氏名などを記載する必要はありません。掲示板等の管理者の中には、悪意のある人もおり、個人情報を悪用される場合もあります」と述べられている。

オ　○　マニュアル編「2.『ネット上のいじめ』等の事例と対応」の（2）なかで、選択肢の内容が述べられている。

問題3　解答　2

A　○　「教育の情報化ビジョン～21世紀にふさわしい学びと学校の創造を目指して～（平成23年4月28日）」「第1章　21世紀にふさわしい学びと学校の創造」「2.教育の情報化が果たす役割」で、子どもたちの学習や生活の主要な場である学校において、教育の情報化を推進し、教員がその役割を十分に果たしたうえで、情報通信技術を活用し、その特長を生かすことで、選択肢の内容を推進できるとしている。

B　○　特別な支援を必要とする子どもたちの場合、特に情報の収集、編集、表現、発信等コミュニケーション手段として情報通信技術を活用することが期待されるとしている。

C　○　「実体験や対面でのコミュニケーションの充実等を図っていく」ことについて、野外における観察の際に情報通信技術を活用して発信するなど、実体験が情報通信技術と融合することにより、新たな学びの可能性が生まれることも考えられるとしている。

D ✕ 情報化の陰の部分の対応については、「情報社会で適正に活動するための基となる考え方や態度を養う子どもたちへの情報モラル教育、教員や保護者への情報モラルの普及啓発、有害環境対策等も併せて講じる必要がある」としている。

E ○ 選択肢の内容を示したうえで、「これらは、我が国が国際競争力を維持・強化し、国際社会に貢献するとともに、将来にわたって、世界のフロントランナーとして、国民に豊かな生活を提供し続けるという見地からも極めて重要である」としている。

問題 4

問1 解答 エ

ア ○ 著作権法第 32 条第 1 項では、引用について「公表された著作物は、引用して利用することができる。この場合において、その引用は、公正な慣行に合致するものであり、かつ、報道、批評、研究その他の引用の目的上正当な範囲内で行なわれるものでなければならない」と規定している。授業に必要な範囲の複製はこれに該当する。

イ ○ 著作権法第 32 条第 1 項の規定に基づき、生徒が自分で使うためであれば、正当な範囲内である。

ウ ○ 著作権法第 6 条では、保護を受ける著作物を規定している。このなかで、「日本国民の著作物」があげられている。児童は日本国民であるため、作品は保護される著作物であり、児童本人と保護者の了解が必要である。

エ ✕ 著作権法第 36 条第 1 項では、試験問題の複製等について規定している。そのなかで、「公表された著作物については、入学試験その他人の学識技能に関する試験又は検定の目的上必要と認められる限度において、当該試験又は検定の問題として複製し、又は公衆送信を行うことができる」としている。入学試験や考査の問題として利用するのであれば、著作権者の了解は必要としない。

問2 解答 ウ

ア ○ 「『春のあんしんネット・新学期一斉行動』について（協力依頼）」（平成 26 年 2 月 19 日）の「1. 保護者に対して」の「家庭内におけるルールづくりの推奨等」のなかで示されている。なお、同じ通知の平成 29 年 1 月 27 日では、「インターネットに接続して使用する機器（スマートフォンやゲーム機等）については、子供に持たせるか持たせないかの判断を、成長段階等に応じてきちんとすることが重要です。また、メリットとリスクを正しく認識し、「賢く安全に使える」ようにするために親子で話し合った上で、家庭におけるルールづくりや大人と子供が一緒に取り組むことができる環境づくりが大切です」としている。

イ ○ 「2. 児童生徒に対して」のなかで示されている。平成 29 年の通知でも同じ内容が示されている。

ウ ✕ 「1. 保護者に対して」のなかで、「保護者は、事業者からフィルタリングに関する説明を受けるとともに、その設定に際し ID・パスワード等を使用する場合には、青少年ではなく保護者が設定・管理をすることが重要です」「スマートフォンでは、スマートフォン対応のフィルタリングの利用が必要です。また、ゲーム機や音楽プレイヤー、タブレット端末等、インターネットに接続することが可能な端末でも、安心・安全に利用するために、フィルタリングを利用することが重要です」としている。平成 29 年の通知でも同じ内容が示されている。

エ ○ 「1. 保護者に対して」のなかで、青少年インターネット環境整備法に基づいて、申し出なければならないことが示されている。

問3 解答 イ

ア ○ 文部科学省から公表されている「情報化社会の新たな問題を考えるための教材〜安全なインターネットの使い方を考える〜指導の手引き」「第 1 部 4. 情報モラル教育の進め方」で「情報モラルは、その大半が日常モラルであり、それに加えて少しだけ情報技術の特性（基本的な仕組み）を理解しておくことが重要」とされている。

イ ✕ 「4. 情報モラル教育の進め方」で、「情報モラルについては、複雑に多様な問題があるように見えますが、その要因を整理すると、全ての問題は以下の 3 つの視点で分類できます」とし、①（インターネットやゲーム等に）依存する、②相手とのやり取りで問題を起こす、③自分が被害に遭う、をあげている。

ウ　○　「2.情報モラル教育の必要性」で、選択肢の内容が述べられている。スマートフォン等には、携帯電話、ゲーム機、携帯型音楽プレーヤーなどコンピュータ以外の多様な携帯端末が含まれている。

エ　○　「2.情報モラル教育の必要性」で、選択肢の内容が述べられている。主体的な判断力を育成するには、発達段階に応じた体系的な指導が求められるとされている。

問題 5　解答　④

①　○　著作権法第 35 条、学校その他の教育機関における複製等の第 1 項で「学校その他の教育機関において教育を担任する者及び授業を受ける者は、その授業の過程における使用に供することを目的とする場合には、必要と認められる限度において、公表された著作物を複製することができる」と規定されている。校長が配布することも含まれる。

②　○　第 1 項では、「当該著作物の種類及び用途並びにその複製の部数及び態様に照らし著作権者の利益を不当に害することとなる場合は、この限りでない」としている。副読本として購入する場合などはこれに該当し、著作権者の了解が必要になる。

③　○　ある放送局の歴史番組を録画して社会の時間に生徒に見せることは、第 35 条第 2 項で認められている。ただし、ビデオライブラリーを設置して教師が誰でも利用できるようにすることは認められていない。

④　×　授業の教材として複製し、授業で配布することは、第 35 条第 1 項で認められている。

⑤　○　一般の人が見ることができる展覧会に複製を出品することは、授業の範囲ではなく、著作権者の許可が必要である。

問題 6　解答　2

a　ア　課題発見・解決型　　b　エ　国際教員指導環境調査（TALIS）　　c　カ　最下位
d　ク　読解力　　e　サ　問題解決能力

平成 26 年 8 月 29 日に発表された「『ICT を活用した教育の推進に関する懇談会』報告書（中間まとめ）」「1. ICT を活用した教育を取り巻く最近の動向」「(1) 我が国の ICT を活用した教育をめぐる状況」の記述である。結論として「これらの様々な調査結果から、ICT を活用した教育について、各国と比べると遅れている現状が見受けられるため、その取組を推進する必要がある」としている。

問題 7　解答　2

A　○　「教育の情報化に関する手引」「第 3 章　教科指導における ICT 活用」「第 1 節　教科指導における ICT 活用の考え方」の「2.学習指導要領等からみた教科指導での ICT 活用の重要性」のなかで、選択肢の内容が述べられている。

B　○　「4.授業での教員による ICT 活用の効果を高めるために」のなかで、選択肢の内容が述べられている。そのうえで、「その映像をタイミングよく教員が大きく映して提示したり、提示した映像などを指し示しながら発問、指示や説明をしたりすることで、ICT 活用による効果が期待できる」としている。

C　○　「5.児童生徒による ICT 活用の効果を高めるために」のなかで、選択肢の内容が述べられている。

D　○　「5.児童生徒による ICT 活用の効果を高めるために」のなかで、選択肢の内容が述べられている。

E　×　「1.教科指導における ICT 活用とは」のなかで、「教員が ICT を活用して情報を提示することは、教員による発問、指示や説明とも関係が深く、すべての教科指導の数多くの指導場面で実施可能であると考えられる」と述べられている。

問題 8　解答　①

ア　考え方や態度　　イ　侮辱罪　　ウ　肖像権　　エ　ファイル共有サイト

「教育の情報化に関する手引」「第 5 章　学校における情報モラル教育と家庭・地域との連携」の記述である。（1）は、第 1 節「1.情報モラル教育の基本的な考え方」、（2）は、第 2 節「2.情報モラルの各教科等における指導例」の（5）の3）、（3）は、第 2 節「2.情報モラルの各教科等における指導例」の（5）の4）、

（4）は、「第3節 情報モラル教育に当たり教員が持つべき知識」の（3）で述べられている。

問題9
（1）　　解答　（イ）
Information and Communication Technology の略。2000 年代後半から使用されるようになった。それ以前に使用されていた IT とほぼ同じ意味とされている。

（2）　　解答　①　（ウ）　②　（ア）
①「教育の情報化に関する手引」「第5章　学校における情報モラル教育と家庭・地域との連携」第1節「1.情報モラル教育の基本的な考え方」のなかで述べられている。
②「第1章　情報化の進展と教育の情報化」第2節「3.情報教育の目標」のなかで述べられている。

問題10
解答　①　エ　情報モラル　②　ケ　違法な行為　③　ク　主体的な解決方法
**　　　④　イ　情報セキュリティ対策**

　平成 20 年に告示された「中学校学習指導要領解説　総則編」「第3章　教育課程の編成及び実施」「第5節　教育課程実施上の配慮事項」「10　情報教育の充実、コンピュータ等や教材・教具の活用」のなかで述べられている。なお、平成 29 年告示の「中学校学習指導要領解説　総則編」では、第3節　教育課程の実施と学習評価」「1　主体的・対話的で深い学びの実現に向けた授業改善」「（3）　コンピュータ等や教材・教具の活用のなかでは、「情報モラルとは、『情報社会で適正な活動を行うための基になる考え方と態度』であり、具体的には、他者への影響を考え、人権、知的財産権など自他の権利を尊重し情報社会での行動に責任をもつことや、犯罪被害を含む危険の回避など情報を正しく安全に利用できること、コンピュータなどの情報機器の使用による健康との関わりを理解することなどである。このため、情報発信による他人や社会への影響について考えさせる学習活動、ネットワーク上のルールやマナーを守ることの意味について考えさせる学習活動、情報には自他の権利があることを考えさせる学習活動、情報には誤ったものや危険なものがあることを考えさせる学習活動、健康を害するような行動について考えさせる学習活動などを通じて、生徒に情報モラルを確実に身に付けさせるようにすることが必要である」に変更された。

索引

参考文献・参考ウェブサイト

有賀妙子・吉田智子・大谷俊郎 『改訂新版 インターネット講座──ネットワークリテラシーを身につける』 北大路書房 2014年

久保田裕 『情報モラル宣言──インターネット時代の生きる力を育てる』 ダイヤモンド社 2006年

公益社団法人著作権情報センター 「著作権って何？（はじめての著作権講座）」 2017年
http://www.cric.or.jp/qa/hajime/index.html

公益社団法人著作権情報センター 「みんなのための著作権教室」 2017年
http://kids.cric.or.jp/

国立教育政策研究所 「情報モラル教育実践ガイダンス」 2013年
http://www.nier.go.jp/kaihatsu/jouhoumoral/

情報化の進展に対応した初等中等教育における情報教育の推進などに関する調査
研究協力者会議 「情報化の進展に対応した教育環境の実現に向けて」 1998年
http://www.mext.go.jp/b_menu/shingi/chousa/shotou/002/toushin/980801.htm

成美堂出版編集部 『絵本をつくりたい！──楽しくはじめる絵本づくり』 成美堂出版 2007年

田中敏・山際勇一郎 『ユーザーのための教育・心理統計と実験計画法──方法の理解から論文の書き方まで』 教育出版 1992年

つるみゆき 『絵本つくりかた』 技術評論社 2013年

中植正剛・太田和志・鴨谷真知子 『Scratchで学ぶプログラミングとアルゴリズムの基本』 日経BP社 2015年

日本音楽著作権協会 「学校など教育機関での音楽利用」 2017年
http://www.jasrac.or.jp/info/school/index.html

日本教育情報化振興会 「ネット社会の歩き方」 2005年
http://www2.japet.or.jp/net-walk/index.html

日本放送協会 「学校放送番組（NHK for School）」 2017年
http://www.nhk.or.jp/school/

日本放送協会NHK for School 「しまった！──情報活用スキルアップ」放送リスト
http://www.nhk.or.jp/sougou/shimatta/origin/list/

文部科学省 「教育の情報化に関する手引き」 2010年
http://www.mext.go.jp/a_menu/shotou/zyouhou/1259413.htm

文部科学省 「授業がもっとよくなる電子黒板活用」 2009年
http://jouhouka.mext.go.jp/school/denshi_kokuban_katsuyo/

文部科学省 『小学校学習指導要領解説 総則編』 東洋館出版社 2017年

文部科学省 「情報活用能力調査（小・中学生）～調査結果（概要版）別冊問題調査結果及び質問紙～」 2015年 http://www.mext.go.jp/component/a_menu/education/detail/__icsFiles/afieldfile/2015/03/24/1356189_05_1.pdf

文部科学省 『中学校学習指導要領解説 総則編』 ぎょうせい 2016年

文部科学省 「21世紀を生き抜く児童生徒の情報活用能力育成のために」 2015年
http://jouhouka.mext.go.jp/school/pdf/shidoujirei.pdf

文部科学省 「平成27年度学校における教育の情報化の実態等に関する調査結果」 2015年
http://www.mext.go.jp/a_menu/shotou/zyouhou/detail/1376689.htm

監修者、執筆者紹介

●監修者

森田健宏（もりた たけひろ）

関西外国語大学　英語キャリア学部　教授
博士（人間科学）大阪大学

田爪宏二（たづめ ひろつぐ）

京都教育大学　教育学部　准教授
博士（心理学）広島大学

●編著者

堀田博史（ほった ひろし）

第1講、第10講、第15～16講、第24～25講、第30講を執筆
園田学園女子大学　人間健康学部　教授
『保育・幼児教育に携わる人の情報処理テキスト─幼稚園・保育所の保育実践とメディアの活用─』（編著・みるめ書房・2013年）、『幼児とメディア─緊急提言　どう取り入れる？　どう使う？』（学習研究社・2007年）

森田健宏（もりた たけひろ）

はじめに、第8～9講、第22～23講を執筆
関西外国語大学　英語キャリア学部　教授
『保育・幼児教育に携わる人の情報処理テキスト─幼稚園・保育所の保育実践とメディアの活用─』（編著・みるめ書房・2013年）、『メディア心理学入門』（共著・学文社・2002年）

●執筆者（50音順）

宇治橋祐之（うじはし ゆうじ）

第20～21講を執筆
NHK放送文化研究所　主任研究員
『放送メディア研究12 特集 多様化する子どもの学習環境と教育メディア』（編著・丸善出版・2015年）、『多様化が進む教室のメディア環境と教師のメディア選択』（NHK放送文化研究所 年報第61集・2016年）

中植正剛（なかうえ まさたか）

第2～3講、第13～14講を執筆
神戸親和女子大学　発達教育学部児童教育学科　准教授
『Scratchで学ぶプログラミングとアルゴリズムの基本』（共著・日経BP・2015年）、『マインクラフトプログラミングブック』（監修・マイナビ・2016年）、『教員養成の新視点』（翻訳・晃洋書房・2015年）

深見俊崇（ふかみ としたか）

第4講、第7講、第11～12講、第19講を執筆
島根大学　教育学部　初等教育開発講座　准教授
『パワフル・ラーニング─社会に開かれた学びと理解をつくる─』（編訳・北大路書房・2017年）、『授業設計マニュアルVer.2─教師のためのインストラクショナルデザイン─』（共著・北大路書房・2015年）

松山由美子（まつやま ゆみこ）

第17～18講、第26～27講を執筆
四天王寺大学短期大学部　保育科　教授
『身体表現をたのしむあそび作品集』（共著・かもがわ出版・2018年）、『保育・幼児教育に携わる人の情報処理テキスト─幼稚園・保育所の保育実践とメディアの活用─』（共著・みるめ書房・2013年）

吉田智子（よしだ ともこ）

第5～6講、第28～29講を執筆
京都ノートルダム女子大学大学院　人間文化研究科　教授
『改訂新版 インターネット講座』（共著・北大路書房・2014年）、『かわいい作品とプログラミングの出会いから広がる学びの世界』（共著・文化の航跡刊行会・2016年）

編集協力：株式会社桂樹社グループ
イラスト：植木美江
本文フォーマットデザイン：中田聡美

よくわかる！教職エクササイズ⑥

学校教育と情報機器

2018年2月28日　初版第1刷発行　　　　　　　　　　〈検印省略〉

定価はカバーに
表示しています

監 修 者　　森　田　健　宏
　　　　　　田　爪　宏　二

編 著 者　　堀　田　博　史
　　　　　　森　田　健　宏

発 行 者　　杉　田　啓　三

印 刷 者　　藤　森　英　夫

発行所　株式会社　ミネルヴァ書房
607-8494　京都市山科区日ノ岡堤谷町1
電話代表　(075) 581 - 5191
振替口座　01020 - 0 - 8076

© 堀田・森田ほか, 2018　　　　　　　　　亜細亜印刷

ISBN978-4-623-08181-3

Printed in Japan

森田健宏／田爪宏二 監修

よくわかる！ 教職エクササイズ

B5判／美装カバー

① **教育原理**　　　島田和幸／髙宮正貴 編著

② **教育心理学**　　田爪宏二 編著

③ **教育相談**　　　森田健宏／吉田佐治子 編著　本体 2200 円

④ **生徒指導・進路指導**　朝日素明／芳田茂樹 編著

⑤ **特別支援教育**　石橋裕子／林 幸範 編著

⑥ **学校教育と情報機器**　堀田博史／森田健宏 編著　本体 2200 円

⑦ **教育法規**　　　古田 薫 編著

⑧ **学校保健**　　　柳園順子 編著

ミネルヴァ書房

http://www.minervashobo.co.jp/